财政部规划教材

全国财政职业教育教学指导委员会推荐教材

全国中等职业学校财经类教材

会计文化认知

陈雪松　主编

中国财经出版传媒集团

中国财政经济出版社

图书在版编目（CIP）数据

会计文化认知／陈雪松主编．—北京：中国财政经济出版社，2019.5
财政部规划教材　全国财政职业教育教学指导委员会推荐教材　全国中等职业学校财经类教材
ISBN 978－7－5095－8967－0

Ⅰ.①会…　Ⅱ.①陈…　Ⅲ.①会计文化－中等专业学校－教材　Ⅳ.①F230

中国版本图书馆CIP数据核字（2019）第075645号

责任编辑：王佳欣　　　　特邀校对：卓文娟
封面设计：育林华夏

内容简介

本书以提高中等职业学校会计专业学生的会计文化认知水平，并配合学校教育将其培养成有文化的会计人为主要目标，以介绍会计物质文化、会计精神文化、会计制度文化和会计名人为主线进行编写。本书的内容涉及会计珠算文化、会计民俗文化、会计核算工具与核算方法、诚信故事、会计职业道德、会计精神、我国会计制度的演变简介、会计法律与会计行政法规、国家统一的会计制度和单位会计制度、地方性会计法规和会计名人等方面。

本书可作为中等职业学校财经商贸类专业开展会计文化教学的教材，也可作为初涉财经领域相关人员参考用书，还可作为普通读者了解会计文化的参考书籍。

中国财政经济出版社出版
URL：http：//www.cfeph.cn
E－mail：cfeph@cfeph.cn

社址：北京市海淀区阜成路甲28号　邮政编码：100142
营销中心电话：010－88191537
北京鑫海金澳胶印有限公司印刷　　各地新华书店经销
787×1092毫米　16开　5.5印张　121 000字
2019年5月第1版　2019年5月北京第1次印刷
定价：19.00元
ISBN 978－7－5095－8967－0
（图书出现印装问题，本社负责调换）
本社质量投诉电话：010－88190744
打击盗版举报热线：010－88191661　QQ：2242791300

编写说明

本书是财政部规划教材，全国财政职业教育教学指导委员会推荐教材，由财政部教材编审委员会组织编写并审定，作为全国中等职业学校财经类教材使用。

“文化是民族的血脉，是人民的精神家园”，没有文化的民族与国家是难以想象的。会计文化，是文化的子集，是民族文化与国家文化的重要组成部分。会计文化历史悠久、源远流长。中职学校作为培养会计中初级人才的教育基地，也应在传承会计文化、发扬会计精神方面积极投入、有所作为。大至一个国家，小到一个学校或一个专业，竞争力的内核终究是文化。

中等职业学校会计专业是个传统的老专业，为社会培养了大量的中初级懂技能、会操作的会计人才，为社会和地方经济的发展做出了很大贡献。随着多年来国家对中职学生专业技能重视程度的不断提高，各级各类技能大赛办得如火如荼，中职学生的专业技能水平近年来得到大幅提升。但与此同时，人们发现职业院校的学生，文化缺失的现象也越来越明显，各种短平快的功利性表现越来越突出，“有知识没文化”越来越多地成为人们诟病的一个话题。

本书以提高中等职业学校会计专业学生的会计文化认知水平并将其培养成有文化的会计人为主要目标，以介绍会计物质文化、会计精神文化、会计制度文化和会计名人为主线进行编写。针对当前中职学生的基本特点，通过与古今中外的经济事例相结合的方式介绍会计文化的相关内容，有助于学生建立正确的专业历史观和价值观，有助于学生培养以诚信为核心的会计职业道德和提升职业素养，有助于中职学校担负起传承专业文化的社会责任。由于教学安排的需要和教材本身容量的局限性，为了能够进一步拓展知识点和深入了解更多有关会计文化的内容，本书设置了部分二维码，通过手机扫码可以观看了解相关的微电影和资料库，这是本书的一个特点。

本书由厦门工商旅游学校陈雪松老师担任主编，书中与二维码对应的微电影和资料库由厦门优芽网络科技有限公司制作。编写过程中得到了厦门工商旅游学校和厦门优芽网络科技有限公司领导和多位老师、职员的大力支持，在此表示衷心的感谢。本书参考借鉴了江志伟、张云、赵丽生等多位专家、学者的研究成果，也从网络媒体上搜集、参考了相关资料，在此对各位专家学者及原创作者表示衷心的感谢。

用书学校老师若需要电子教案及电子课件，请以邮件的形式向中国财政经济出版社索取（请注明：学校、书名、版次），E-mail：caijingjiaocai@163.com。也可登录如下网址下载：http://cjjc.cfeph.cn。

由于编者水平有限，或有疏漏、不当之处，欢迎读者提出宝贵意见和建议。

编　者

2019年4月

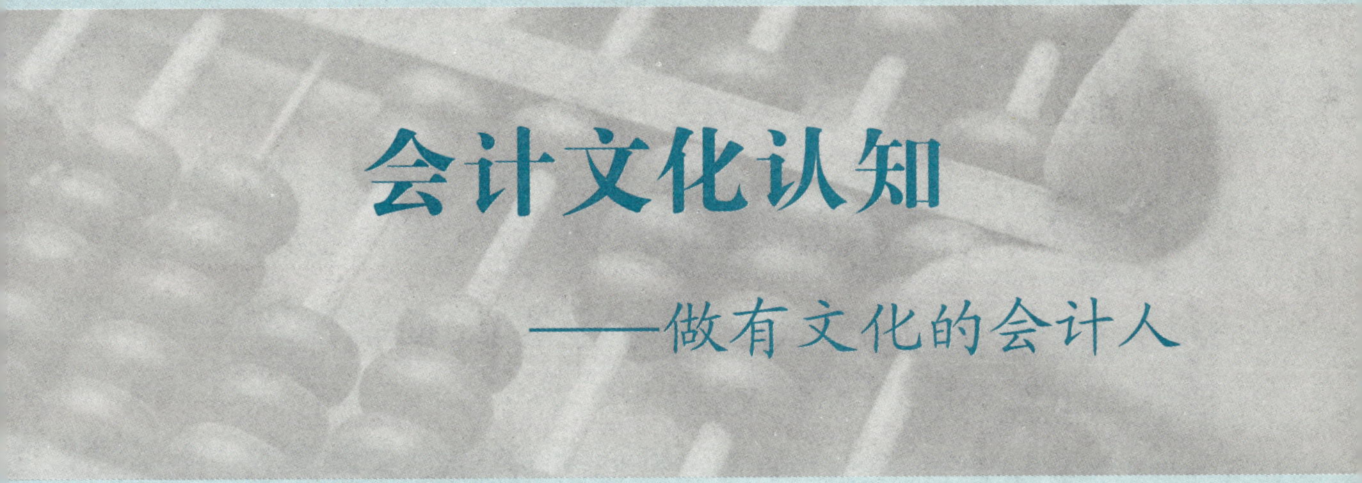

会计文化认知

——做有文化的会计人

经济越发展，会计越重要。

认知名片一：

会计是什么？请选择——

A. 是工种　　B. 是职称　　C. 是算账的

D. 是管理者　　E. 是管钱的

（答案请翻看正文第1页认知1　会计的含义）

认知名片二：

会计文化

——会计文化是人类在长期的社会历史实践活动中逐渐创造和形成的，与会计相关的各种物质财富和精神财富的总和，主要包括会计物质文化、会计精神文化、会计制度文化，其实质是一种管理文化。会计文化是人类社会文化体系的一个组成部分。

目 录

认知1　会计物质文化 ………………………………………… 1

1.1　珠算文化 ………………………………………… 2

1.1.1　人类非物质文化遗产 ………………………………………… 2

1.1.2　算盘的产生与发展 ………………………………………… 4

1.1.3　珠算博物馆与算盘大世界 ………………………………………… 6

1.1.4　珠心算 ………………………………………… 12

1.2　会计（珠算）民俗文化 ………………………………………… 13

1.2.1　民间俚语（俗语）中的会计（珠算）文化 ………………………………………… 13

1.2.2　民间歇后语中的会计（珠算）文化 ………………………………………… 14

1.2.3　谜语中的会计（珠算）文化 ………………………………………… 15

1.2.4　城隍庙的算盘和楹联中的会计（珠算）文化 ………………………………………… 18

1.2.5　算盘文化景观 ………………………………………… 21

1.2.6　与会计（珠算）文化有关的其他艺术与民俗 ………………………………………… 24

1.3　会计核算工具与核算方法 ………………………………………… 34

1.3.1　会计核算工具 ………………………………………… 34

1.3.2　会计核算方法 ………………………………………… 44

认知 2　会计精神文化 ………………………………………………… 48
2.1　诚信故事 …………………………………………………………… 49
2.1.1　朱镕基同志为国家会计学院题词的故事 …………………… 49
2.1.2　商鞅徙木立信（立木为信）的故事…………………………… 50
2.2　会计职业道德 ……………………………………………………… 52
2.3　会计精神 …………………………………………………………… 53

认知 3　会计制度文化 ………………………………………………… 56
3.1　我国会计制度的演变简介 ………………………………………… 57
3.2　会计法律与会计行政法规 ………………………………………… 60
3.3　国家统一的会计制度和单位会计制度 …………………………… 62
3.4　地方性会计法规 …………………………………………………… 62

认知 4　会计名人 ……………………………………………………… 63
4.1　大禹 ………………………………………………………………… 64
4.2　管仲 ………………………………………………………………… 64
4.3　孔子 ………………………………………………………………… 65
4.4　墨子 ………………………………………………………………… 66
4.5　杨炎 ………………………………………………………………… 66
4.6　程大位 ……………………………………………………………… 67
4.7　谢霖 ………………………………………………………………… 68
4.8　潘序伦 ……………………………………………………………… 68
4.9　徐永祚 ……………………………………………………………… 69
4.10　杨汝梅 …………………………………………………………… 70
4.11　顾准 ……………………………………………………………… 70
4.12　娄尔行 …………………………………………………………… 71

4.13 杨纪琬 …… 72
4.14 葛家澍 …… 73
4.15 卢卡·帕乔利 …… 73
4.16 詹姆斯·麦肯锡 …… 74
4.17 威廉·安德鲁·佩顿 …… 74

结语 …… 76

参考文献 …… 77

认知1　会计物质文化

会计物质文化是会计文化赖以产生和发展的基础，是人类会计实践中所创造的与会计相关的物质财富，物质文化往往属于有形资产，包括会计工作环境、手段、工具等方面的内容，如算盘、会计办公设备和工具等；也包含会计的产品及会计产品的结构和工艺，如会计凭证、会计账簿和会计报表等。会计物质文化是会计文化传承的外在载体，其丰裕程度往往对会计精神文化产生巨大的影响。而与会计物质文化相生相伴的非物质文化如会计民俗文化等也同属会计文化传承的载体。

会计的含义

——会计的定义是以货币为主要计量单位，运用专门的方法，核算和监督一个单位经济活动的一种经济管理活动。

认知名片一中“会计”的五个选项是从不同角度对会计的解释，可以帮助我们更全面地了解会计，因此应该选择 ABCDE。

1.1 珠算文化

1.1.1 人类非物质文化遗产

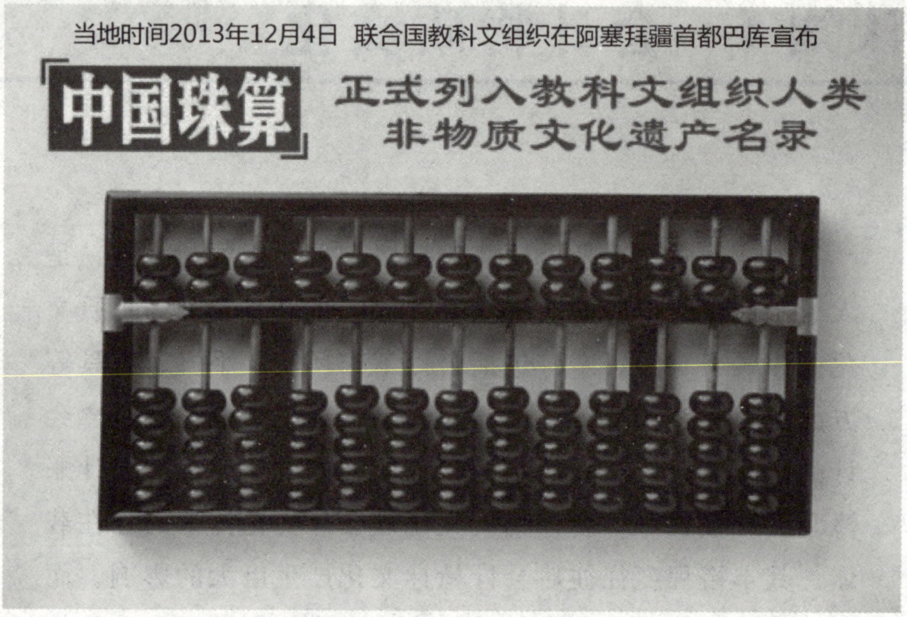

图 1.1 中国珠算列入人类非物质文化遗产名录

历史时刻

——2013 年 12 月 4 日，联合国教科文组织保护非物质文化遗产政府间委员会第八次会议在阿塞拜疆巴库通过决议，珠算正式列入人类非物质文化遗产名录。这也是我国第 30 个被列入人类非物质文化遗产名录的项目。

中国珠算正式列入
人类非物质文化遗产名录

珠算是中国古代的重大发明，伴随着中国人经历了1 800多年的漫长岁月，被誉为“世界上最古老的计算机”，甚至还有人称之为“中国第五大发明”。中国珠算“申遗”成功对弘扬我国的传统文化意义重大，“世界上最古老的计算机”演绎了中国文化的又一个精彩。

中国珠算的“申遗”成功，是国际社会对中国传统珠算文化的认可，对于促进中国珠算的保护、传承和发展，提高国际社会对中华民族优秀传统文化的关注和认知，增进中国传统文化与世界其他文化间的对话与交流以及保护文化多样性都具有深远意义。而珠算文化是我国会计文化中非常重要的组成部分。

中国珠算“申遗”之路

2003年3月，安徽省黄山市文联副主席、首任程大位纪念馆馆长江志伟先生发表了“中国珠算应申报‘世界非物质文化遗产’保护”的长文，强烈呼吁中国珠算心算协会立即行动起来，赶快把“将中国珠算（中国算盘、珠算术、珠算文化、珠算式心算）申报非物质文化遗产”提上重要议事日程。

2008年6月7日，经国务院批准，珠算被列入第二批国家级非物质文化遗产名录。

2013年，中国珠算心算协会申遗工作小组在业内外专家的指导和帮助下，在珠算界同仁的共同努力下，精心编撰申报文本、摄制申报片，历时5年，经多次修订，向联合国教科文组织提交了申报材料，并最终获得保护非物质文化遗产政府间委员会审议通过，至此，中国珠算“申遗”成功。

珠算“申遗”第一人

1.1.2 算盘的产生与发展

1. 中国珠算文化的历史源远流长

萌于商周——西周陶丸。早些年前学术界一般认为珠算的历史大约有1 800年之久，而1976年的一次考古发现，使珠算的历史很可能要向前再推1 000年。这次考古发现的就是“西周陶丸”，经专家鉴定，西周陶丸极有可能是我国目前发现的最早用来计算的工具——算珠。

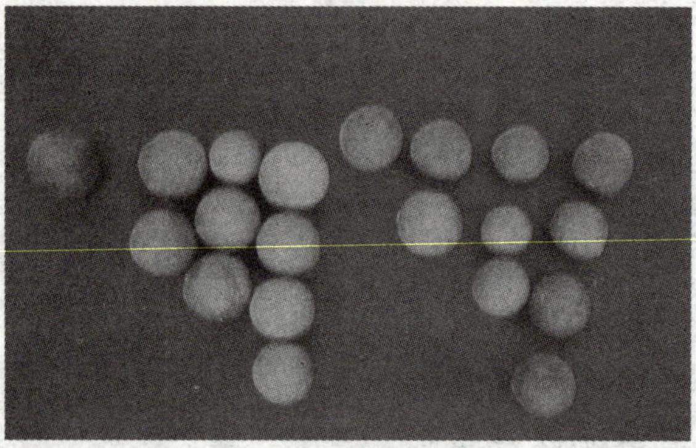

图1.2　西周陶丸（公元前1095±90年）

西周陶丸与海昏侯墓出土的游珠算板

始于秦汉——东汉数学家徐岳所著《数术记遗》一书中最早记录了“珠算”一词：“珠算控带四时，经纬三才”（北周甄鸾注云：“刻板为三分，其上下二分以停游珠，中间一分以定算位。位各五珠，上一珠与下四珠色别，其上别色之珠当五，其下四珠，珠各当一。至下四珠所领，故云‘控带四时’。其珠游于三方之中，故云‘经纬三才’也。”）。又据徐岳说，他的老师刘洪曾问学于天目山道家隐士天目先生，天目先生提到有十四种计算方法，第十三种即为珠算，并传授了珠算之法。可见汉代即有算盘，但形制与当今不同，被称为游珠算盘（板）。由此可见，至迟在东汉已经出现了当今算盘的前身。

成于唐宋——人们普遍认为晚唐时串珠算盘已经出现。“算盘”名称之见于算书者以宋代《谢察微算经》为最早，可以确定至迟在宋代，有横梁穿档的大珠算盘已经出现。北宋名画《清明上河图》中就画出了一把15档的算盘，这是我国迄今为止发现的最早的算盘形象。

图1.3 清明上河图中药铺柜台上的算盘
[后人仿制的铜版画（局部）]

盛于元明——元明诗歌、戏曲、绘画和谚语中都出现了算盘。明朝珠算宗师程大位的珠算巨著《算法统宗》集珠算算理、算法之大成，畅销中国300年，并伴随珠算传入日本、朝鲜、俄罗斯、东南亚乃至欧美等世界各地。

珠算宗师程大位

发展于当今——1979年中国珠算协会成立，20世纪90年代中后期珠心算兴起，至今方兴未艾。

2. 中国算盘制式的演变

算盘的历史悠久，是中国的伟大发明。那么算盘是如何出现的呢？

算盘的演化大致上可以按五个步骤进行简单的推演：

（1）用石子计数，一颗石子代表1。

（2）用算筹计数。一根（下）筹代表1，一根（上）筹代表5。

图 1.4　算筹

算筹至算盘的演变

同时代的还有用摆珠子（陶丸）的方式计数。上面的蓝珠子代表 5，下面的黄珠子代表 1，计数时把上面的珠子和下面的珠子拿到中间的格子里，此即游珠算盘（板）。

（3）用绳子或小棍把珠子串起来的串珠算盘。

（4）到了明代，这时的算盘上 2 珠每珠当 5，下 5 珠每珠当 1，每档能表示 0 到 15 的数字，成为一种 16 进制和 10 进制通用的计算工具。这是因为中国古代的长度和容积单位采用 10 进制，主要的重量单位却是 1 斤 = 16 两①，所以布店打算盘只需 1 颗上珠和 4 颗下珠，粮店打算盘就要 7 颗珠子全用到了。

（5）当代的算盘已经简化为上 1 珠下 4 珠的制式，盘面更加简洁。

1.1.3　珠算博物馆与算盘大世界

目前国内较为知名的珠算博物馆有：

1. 程大位珠算博物馆

程大位珠算博物馆是中国第一个公办珠算博物馆，1986 年 9 月 18 日程大位逝世 380 周年纪念日正式开馆，是安徽省重点文物保护单位，是展

图 1.5　程大位珠算博物馆

① 目前，1 斤等于 10 两。

示程大位故居、程大位的历史贡献及珠算发展历史的专题型博物馆。它坐落在黄山市屯溪区前园路西侧巷内，始建于明代弘治年间（16 世纪初），是典型的徽派平民建筑，马头墙，粉墙黛瓦，飞檐翘角。前堂客厅横梁上“程大位故居”匾额为著名数学家苏步青教授所题。全馆共收藏历史资料 4 000 多份，各种算具近千件，充分展示了中国第五大发明——珠算的发展、演变的历史过程，再现了程大位凭借自身的不懈努力，从一个平民成长为珠算宗师的历程，为后人自学成才树立了榜样。

2. 中国珠算博物馆

中国珠算博物馆于 2004 年 12 月 6 日开馆，2007 年 12 月底由国务院办公厅批准冠名。该馆位于江苏省南通市，坐落在风光绮丽的濠河之畔，由南通市人民政府和中国珠算协会共同兴建，博物馆占地 30 亩，建筑面积 6 000 平方米，集展示、研究、教学、交流、旅游（国家 AAAA 级旅游景区）等功能于一体，是世界上最大的珠算专题博物馆。

图 1.6　中国珠算博物馆

3. 乔家大院晋商珠算博物馆

乔家大院晋商珠算博物馆位于国家历史文化名城山西省祁县东观镇乔家堡村乔氏老宅“宁守堂”内，是国家 AAAAA 级旅游景区“乔家大院文化园区”

的重要组成部分，是全国四大珠算博物馆之一。前身是祁县诚义久珠算博物馆，创建于1999年，已走过了20年的发展之路，于2014年冬迁至乔家大院，属民办性质的专题展馆。占地面积3 261.24平方米，有4个大院8个小院，159间房屋。分“珠算发展历史沿革”“珠算精品展示”“珠心算普及推广与互动体验”三大板块。目前，馆藏各种算盘5 000余架，其中极具文物价值的珍品算盘120多架，还有珠算古书、契约、老账簿等400余册，与珠算相关的系列藏品1 500余件。

图1.7　乔家大院晋商珠算博物馆

4. 浙江省珠算协会国华珠算博物馆

浙江省珠算协会国华珠算博物馆位于临海市市政广场南边深甫路，系浙江省台州市政协常委雷国华独资创办的民办博物馆，创建于1993年11月，在办馆过程中，不断充实扩大，目前，已拥有展厅6个，计250平方米，馆藏算具1 300余种，珠算史料、书籍、图片等3 000多件。

图1.8　国华珠算博物馆

珠算博物馆

5. 算盘大世界

（1）最多档位的算盘。我国最多档位的算盘，出自民国时期，木质，尺寸：600cm×22cm，有227个档位、1 598颗珠子可供12个人同时拨打。藏于乔家大院晋商珠算博物馆。

图1.9 最多档位的算盘

（2）最大的算盘。

①最大的红木算盘。2009年9月，一架长12m，高3m，重约7t的马来西亚红木制作而成的超级大算盘在江西婺源思溪徽商古村亮相。这只“巨无霸”红木制算盘每颗算珠直径达42cm，高达24cm，每珠重量平均达35kg。

图1.10 最大的红木算盘

②最大的铜算盘。浙江省2008年第五届中国中华老字号精品博览会摆出了一架准备申报吉尼斯世界纪录的算盘。这个当时号称“中华第一盘”的铜算盘长11m，整个算盘共有60档，每档7颗珠子。整架算盘全由铜做成，珠子为黄铜，金灿灿一片，其余为紫铜，制作耗时半年整。

图1.11　最大的铜算盘

③最大的轮胎算盘。该算盘位于河北省邯郸市涉县后池村桃花山广场，长25.8m，高5m，共30档，框架为钢结构，由210个废旧轮胎涂上红、黄、蓝、绿、黑、橘、粉七种颜色，做成算珠，号称“七彩大算盘”。这个特大算盘体现了老区人民精打细算、勤俭节约，艰苦奋斗、共谋发展的信念。

图1.12　最大的轮胎算盘

（3）最小的算盘。用丝线挂着的不到1cm的迷你算盘，藏于中国珠算博物馆。另外，民间还有戒指算盘、迷你金算盘、玉算盘等，都十分小巧精致。

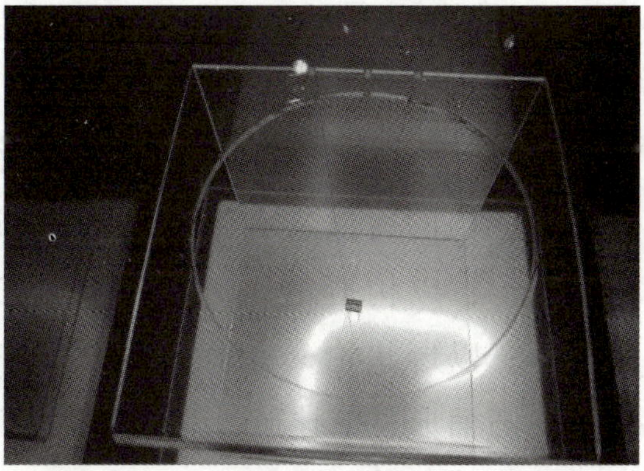

图1.13　迷你算盘

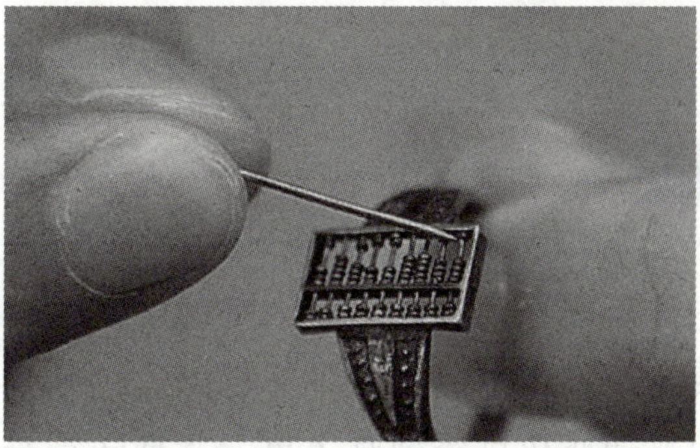

图1.14　戒指算盘

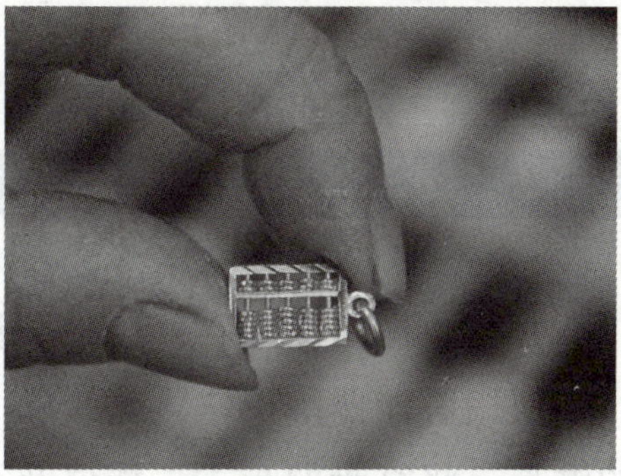

图1.15　迷你金算盘

（4）最有气势的算盘（阁）。图1.16所示的由668把算盘组成的大型木制“丹枫阁”藏书楼气势宏伟，构思奇妙，制作精美，创造了全国之最。它藏于乔家大院晋商珠算博物馆，格外引人注目。

图1.16　丹枫阁

(5) 千姿百态的算盘。算盘以材质论，有金、银、铜、铁、铝、翡翠、象牙、珍珠、陶瓷、红木、塑料、景泰蓝、骨质、汉白玉和各种石质等，档的材质又有牛筋档、藤档、金属档、竹木档等；以构造论，则有双梁、三梁、四梁、竖式等；以形状论，有多层形、宝塔形、梯形、扇形、圆桶形、壁挂形、八卦形、如意形、文房四宝形等；以算珠数目论，除一般的上二下五、上一下四外，还有上一下九、上二下六、上三下五、上六下二等。

算盘的大千世界

1.1.4 珠心算

珠心算，即珠算式心算，是心算的一种。珠算运珠技巧有一定的规律及口诀，当使用者能熟练操作算盘，除了会快速地求出正确答案外，也能透过脑细胞的滋长，将算盘的盘式、档位及算珠的浮动变化描绘到脑子里，这种活算盘的影像，称为“虚盘”。它透过知觉、形象、记忆等过程，在大脑里来完成珠算运算，即所谓珠算式心算。

熟练者的计算速度要超过计算器，其速度之快令人惊叹。往往只要听到题目报数，或自己看到计算题型，算者即能将答数脱口而出。所以珠心算是当今世界上最具特色的一种计算技术。

中国的珠心算教育，从发展上看大体可分为三个阶段：1985 年以前是探索研究阶段；1985 年到 90 年代初是部分省市积极实验和逐步推行阶段；1992 年后，进入有组织、有计划的蓬勃发展阶段。从人数上看，1992 年以前我国仅有 2 万人参加珠心算教学活动，2016 年据不完全统计已超过 420

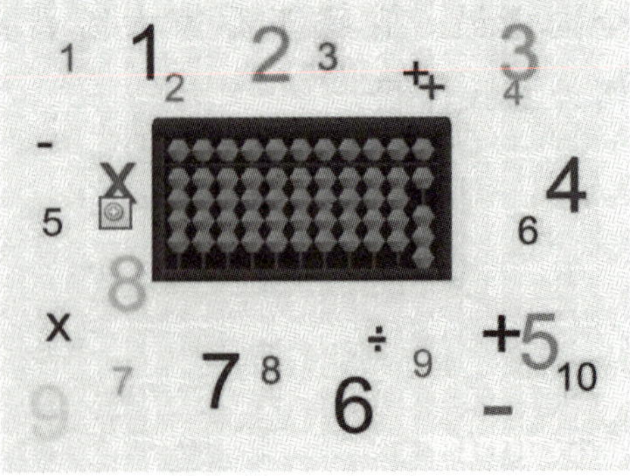

图 1.17　珠心算

万人。从地域上看，珠心算教育目前在世界各地都有扩展的趋势，除中国、日本、韩国等已深入社会各阶层，成为普遍的计算方法外，马来西亚、新加坡、菲律宾、泰国、印尼、加拿大、美国、新西兰等，也有相当程度的推广。

1.2 会计（珠算）民俗文化

1.2.1 民间俚语（俗语）中的会计（珠算）文化

民间俚语（俗语）是一种大众口头的文学样式，以明喻为主，张口就来，痛痛快快，却又让人过耳不忘，印象深刻，回味无穷。以“算盘”或“珠算口诀”为喻体的民间俚语（俗语）俯拾皆是。

经典算盘俚语赏析

“不管三七二十一”——这是家喻户晓、人尽皆知的一句，是珠算口诀在民间俚语中的应用范例。这里的珠算口诀仅仅只是一种语势借用，并无算盘上的拨珠意义，人们都能够很快品出个中之味，领略到一种无论如何都要去做的精神。

“三下五除二”——借珠算口诀之意，形容人们办事干净利落，这里借用的意象，是口诀在盘式中的“下五去二”的操作和“三五两下就解决”的引申联想。

“算盘一响，黄金万两”——这既是一种经商之人的良好愿景，也体现了珠算在发财致富的经营活动中所能发挥的作用，同时还是“决算之后方知盈亏”的经营过程的展示。

“肚子里边打算盘，真有心计”——这是一则流传年代相当久远的民间俚语，其义自明。值得一提的是，珠算技术在当代的发展正好“实践”了这则民间俚语，如今方兴未艾的“珠心算”，不正是“肚子里边打算盘”吗！

“吃不穷，穿不穷，不会盘算一世穷”——这是会计文化演绎出哲理的典型范例。它由算盘的“精打细算”的个体功能，推及人们乃至国家理应“当家理财巧盘算”，成为跨越时间和空间的治家格言。

“有一说一，有二说二，都在算盘上明摆着”——算盘上的算珠一清二楚，不容指鹿为马，不容视而不见，这既是对算盘“客观公正”的褒奖，也是对财会人员奉公守法、诚信负责的职业道德的赞颂。

与会计文化有关的俚语

诸如此类的民间俚语（俗语）还有很多，通俗易懂，言简意赅，字里行间又蕴含着丰富的会计（珠算）文化内涵。

1.2.2 民间歇后语中的会计（珠算）文化

民间歇后语，是中国民俗文学的“土特产”，它是植根于民间土壤的一种特殊语言形式，语句短小形象、幽默风趣，在平民百姓的口中运用得十分鲜活，是芸芸众生、苦乐生涯的调味剂，为广大民众所喜闻乐见。它由前后两部分组成：前一部分起“引子”作用，像谜面，后一部分起“后衬”作用，像谜底，十分自然贴切。在一定的语言环境中，通常说出前半截，“歇”去后半截，就可以领会和猜想出它的本意，所以就称为歇后语，整体修辞手法主要运用比喻。

中华文明源远流长，五千年历史沧桑的沉淀、淬炼、凝聚成绝妙的语言艺术。歇后语是熟语的一种，熟语包括成语、谚语、惯用语和歇后语四种。歇后语以其独特的表现力，给人以深思和启迪，千古流传。反映了华夏民族特有的风俗传统和民族文化，品味生活，明晓哲理，提升智慧。歇后语一般寓意深刻，短短一句凝聚很多智慧。

经典会计（珠算）歇后语欣赏

算盘珠子——不拨不动

二一添作五——平分

会计的算盘——天天打

算盘的命——不怕打

算盘上的数字——明摆着

没框的算盘珠——全散了

九九归一——都是一个源

飞机上打算盘——空算计

和尚庙里打算盘——庙（妙）算

城隍庙里的算盘——不由人算

搂草打兔子——其他业务收入

天上掉馅饼——营业外收入

民间歇后语中的会计（算盘）文化的主要喻体也是“算盘”和“珠算口诀”等，较之民间俚语中的算盘文化，似乎更多些修辞讲究和谐趣，因而更加耐人寻味。随着会计行业本身的发展，也随之出现了一些较新的歇后语。

与会计文化有关的歇后语

1.2.3　谜语中的会计（珠算）文化

算盘谜语不是一般的诗词歌谣，它还要通过简约的韵文文字，隐现出算盘的特征以供猜谜者捕捉信息并据此猜出算盘谜底。

能广泛流传的算盘谜语大多具有如下共同的特点：每则算盘谜语都是一首

以算盘为喻体的咏物诗，节奏明快，韵味盎然，抑扬顿挫，短小精干，过耳不忘，雅俗共赏，老少咸宜，便于流传。算盘谜语的谜面既形象生动又丰富多彩，从而使算盘谜语的艺术性陡增。例如：

“远看书一部，近看一窗竹，有人猜不着，再读十年书”；

“一宅分成两院，五男二女当家，两家打成乱麻，打到清明方罢”；

“顺着念，会计经常用，倒着念，主意没拿定”。

四言、五言、六言、七言和杂言俱全，虽大多均为文人创作，但极少迂腐气，用的全是艺术化了的民间语言，算盘谜语因其民间俚语美而成为珠算文化宝库中的鲜活内容。品赏这些形象生动、幽默风趣、蕴含哲理的算盘谜语，不但有益于启迪思维，而且能像品尝青橄榄一样令人回味无穷。

经典算盘谜语赏析

（1）最有趣的算盘谜语猜谜轶事，恐怕要数一个国际交往中的谜事传闻了。在当年会见美国国务卿基辛格博士的时候，中国佛教协会会长赵朴初出了这么一则传统算盘谜语让基辛格猜猜：**“古人留下一座桥，一边多来一边少，少的要比多的多，多的反比少的少——打一物”**。基辛格博士是一位“中国通”，为了促成尼克松总统的访华，实现两位巨人的跨洋握手曾经做过包括熟悉、研究中国文化在内的诸多准备，然而面对这则绕口令式的谜语他却百思不得其解，最后只得怀揣着对谜一样的中国与中国的谜语的沉思和兴趣回到了美国。然而，博士终归是博士，基辛格回到美国后，又是翻查资料，又是咨询汉学家，最后终于知道了它的谜底，并进而发现新大陆一般了解到中国古老的计算机——算盘。

《红楼梦》中的算盘谜语

（2）最经典的小说中的算盘谜语，恐怕要数《红楼梦》第 22 回“听曲文宝玉悟禅机，制灯谜贾政悲谶语”中贾府的一次灯谜活动了。这次灯谜活动中贾迎春创作出来的一则算盘谜语堪称经典之作，谜面为**“天运人功理不穷，有功无运也难逢。因何镇日纷纷乱，只为阴阳数不通”**，谜底为“算盘”——算盘上的珠子要靠人手去拨，所以说“人功”；而在没有计算出得数的结果之前，谁也不知这些珠子是离是分，要看注定的结果是什么，所以叫“天运”。结局明明是人拨出来的，但又不随人的意志所转移、不为人所预知，这道理很难懂，所以说“理不穷”；如果“数”中注定两子相离，任你怎么拨算也是不会相逢的。谜面中句句都是双关语。

（3）妙趣横生、比较容易激发儿童学习珠算兴趣的算盘谜语，例如：

长长方方一只盘，冰糖葫芦十几串，

生来喜欢别人打，加减乘除都方便。

——生动有趣，画面感、场景感极强；

竹枝栏杆木头墙，一窝小猪四下藏，

老虎下山来捕食，吓得小猪乱撞墙。

——小猪指算珠，老虎喻手指，动感十足；

木作栏杆竹作芯，家中藏有百个兵，

有朝一日文书到，忙得五指乱点兵。

——既有算盘的具象，又有打算盘的场景，绘声绘色，声情并茂，见物又见人，见人再见情，是条功力不凡的谜语。

（4）富含哲理、寓意深厚、耐人寻味、发人深思的算盘谜语，例如：

大小两国隔条江，大国没有小国强，

大国英雄虽五个，不及小国人一双。

——从表面上看，它并没有游离于算盘，据此谜面完全可以猜出“算盘”谜底；然而再仔细一推敲，却又觉得它确实话中有话、言外有言，让人想到孙子兵法中以少胜多，以弱敌强的哲理。

弟兄七人本一家，两个兄弟游外乡，

众人心想合一处，不怕中间隔道梁。

——它让人很自然地联想到海峡两岸同胞期待祖国统一的愿望。

1.2.4 城隍庙的算盘和楹联中的会计（珠算）文化

城隍神是古代汉民族宗教文化中普遍崇祀的重要神之一，是护城佑民之神。大凡城隍庙都悬挂有大小不一的算盘。俗话说，算盘一响，黄金万两，除了有招财进宝的吉祥寓意，还警示世人，过日子要量入为出，勤俭节约。但多数城隍庙悬挂算盘的最大真意是劝善和教化人心，算盘上写着诸如“人算不如天算”“人有千算，天只一算”“不由人算”等警示语。它告诫世人：人世间所有的账，早晚都会算个一清二楚的。不管有多难算的账目、多大的冤屈，只要让城隍庙的算盘算一算，就清楚了。城隍庙大算盘的内涵逐渐转化，成为上天对百姓的无形监管和督察，时时警告着人们：小算盘不要算得太精明，做人一定要有底线。它让人们相信城隍庙里的大算盘忠实地记载着所有人的一言一行；善有善报，恶有恶报；时间一到，统统都报。所以，各地的城隍庙多数都以算盘为象征物，这是民间自发形成的一种朴素信仰。

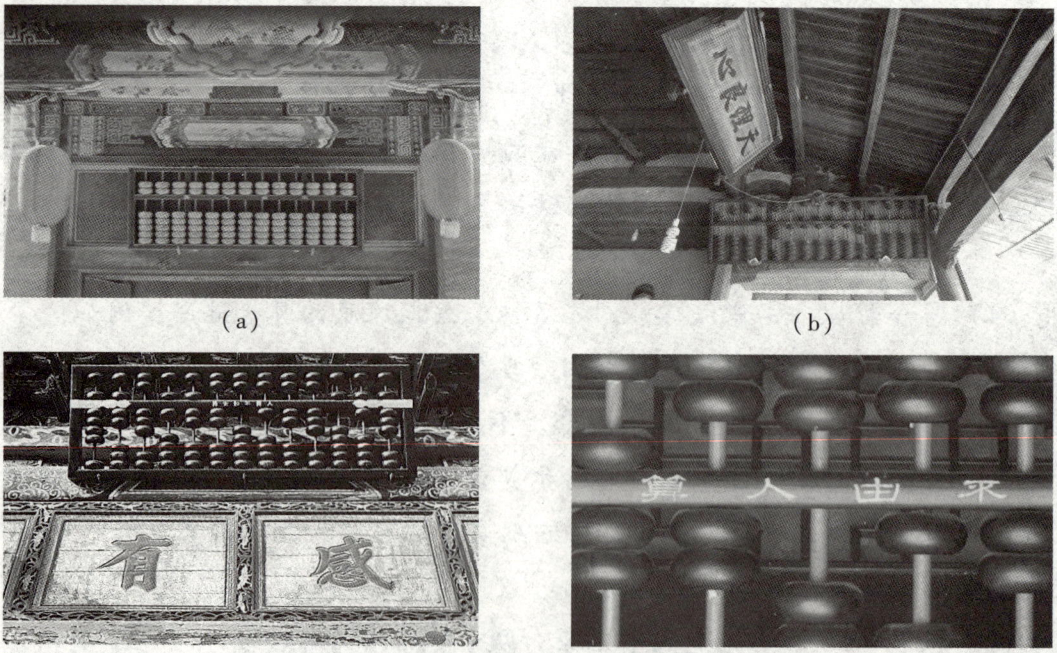

(a) (b) (c) (d)

图 1.18 城隍庙的算盘

内涵说法：

包括上海城隍庙在内的多处城隍庙所悬挂的大算盘上的拨数为“九、七、三、六、七、二、零、一、二、三、五、六、八”。

算盘十三档，中间档（七档）的拨数为零，代表“无”，即是“道”。向右依次为一、二、三、五，表“道生一、一生二、二生三、三生万物”之意，五为五行，表万物。此四个拨数表示道生万物之意。

算盘最左两档（一档、二档）为九和七，九为老阳，七为少阳。算盘最右两档（十二档、十三档）为六和八，六为老阴，八为少阴。在易学中，六、八、七、九，为四象，以象征阴阳。

图 1.19　算盘的内涵数字

左起第三到第六档，分别为三、六、七、二，其中三和六象征三十六天罡，七和二象征七十二地煞。天罡地煞的说法来自中国古代星相学。

——算盘上几个简单的拨数却蕴含了中国古代易经文化博大精深的道理。

楹联是一种特殊形式的格律诗，以算盘入联而形成的算盘楹联已经成为一种独特的民俗文化景观。同时，由于这种算盘楹联多是挂在城隍庙里高悬的巨大算盘两边，因此每每给人以深邃莫测之威严感。

经典城隍庙楹联赏析

现存最早的算盘楹联，是福建晋江城隍庙大算盘两旁的唐代文物联：

人有千算，天只一算；

阴谋巧算，终归失算。

与之类似的如：

天知地知，事实你亦知；

千算万算，不如我一算。

——其劝恶从善的主题是我们至今所能见到的算盘楹联中展示得最为鲜明坚定的。

中国台湾新竹城隍庙山门上悬挂的一架用以记人功过的大算盘两旁，悬挂着这样一副算盘楹联：

世事何须多计较；

神天自有大乘除。

台南市城隍庙里的两只大算盘，其算盘楹联就显得新意盎然，充满人生哲理，让人回味无穷。

其一：

善恶全是人自作；

是非算定法难容。

其二：

几何代数留今古；

乘法归除定是非。

城隍庙通用联：

你的算计特高，得一回、进一回，哪晓满盘都是错；

我却模糊不过，有几件、记几件，从来结账总无差。

当然，也有像挂在枣庄中华珠算博物馆这样彰显算盘文化横亘古今的楹联：

指间运筹千年算术通今古；

玉盘珍珠华夏文明耀乾坤。

图 1.20　枣庄中华珠算博物馆楹联

1.2.5　算盘文化景观

算盘只是数字的表象，它承载着更深刻的意义，那便是财经精准与专注的灵魂。算盘不仅是一种计算工具，还作为一种文化与精神的象征，常常被设计为特色景观，往往藏身于财经类院校的校园里，或是在公园、广场中矗立。

(a)　　(b)

图 1.21　算盘园艺景观

图 1.22　时代的对接（算盘与计算器）

图 1.23　时代的对接（算盘与计算机）

坐落于东北财经大学校园内，由 2 275 名 2005 届毕业生捐献的铜雕算盘，以表对母校的眷恋之心，思念之情。

图 1.24　东北财经大学校园内的铜雕算盘

极具现代感的算盘雕塑，位于北京财贸职业技术学院的校园内，由算珠构成一幅世界地图。

图 1.25　北京财贸职业技术学院内的算珠雕塑

位于长沙财经学校内的算盘雕塑体现了学校专业特色，呈现出生活的气息、艺术的美感和岁月的变迁（算盘上的数字为 1 921，显示最初的办学时间）。

图 1.26　长沙财经学校内的算盘雕塑

在厦门工商旅游学校教学楼财会专业部的走廊尽头，有一长一短两个大算盘，长算盘约 14m，252 颗算珠，巧妙地借用原有栏杆制成，短算盘身兼迎宾台之职，与会计文化走廊完美地融为一体。

图 1.27 厦门工商旅游学校教学楼财会专业部的走廊尽头的算盘

1.2.6 与会计（珠算）文化有关的其他艺术与民俗

会计（珠算）文化作品类，包括古今中外一切关于会计（珠算）题材的文学作品、艺术作品，除了上述介绍的俚语、歇后语、谜语和楹联外，还有诸如诗词、小说、散文、随笔、影视、歌曲、戏曲、绘画、摄影、谚语、民间故事、杂文、题词和文化景观等。

1. 诗词

北宋著名的诗人、书法家黄庭坚的职业生涯中对会计有着深刻的了解。他在公元 1101 年 4 月去湖北访友，在去荆州的路上，邂逅自己 8 年未见的老朋友李辅圣，心里异常激动，赋诗一首：

《赠李辅圣》

交盖相逢水急流，八年今复会荆州。
已回青眼追鸿翼，肯使黄尘没马头。
旧管新收几妆镜，流行坎止一虚舟。
相看绝叹女博士，笔研管弦成古丘。

诗人跟老友开了个玩笑，诗中以“妆镜”比喻女子，并借用官方会计文书中的专业术语“旧管”“新收”，用幽默的口吻问李辅圣：这几年你是不是很有艳遇，原有的加上后来新收的一共有几个呀？实则表达对时光飞逝的感叹。这也为中式会计增添了些许诗词的情境之美。同时，黄庭坚也对老友最疼爱的才华出众的妻子——孔君（即诗中的“女博士”）的不幸去世表达了自己的哀悼之情。

诗人这里熟练地借用了在宋朝官厅会计中常用的会计核算法——“四柱（清册）结算法”四柱中的二柱，另外二柱为“开除”和“实在”。四柱结算法的基本平衡公式为：“旧管＋新收－开除＝实在”，相当于今天会计核算的公式“期初余额＋本期增加额－本期减少额＝期末余额”。四柱结算法始于唐朝，盛行于宋朝，其先进程度远远超过当时西方的水平。

南宋豪放派爱国词人辛弃疾一生对政治、军事、经济都有着深刻的见解，从他在诗词中对会计术语驾轻就熟地使用，可以推测其对会计核算亦应颇有研究。

《雨中花慢》

马上三年，醉帽吟鞭，锦囊诗卷长留。
怅溪山**旧管**，风月**新收**。
明便关河杳杳，去应日月悠悠。
……

辛弃疾回忆自己的戎马生涯，感叹山河依旧，风月常新，光阴如梭，笛声悠悠。词人把没有温度的会计术语信手拈来，不仅令这首词极具新意，效果奇佳，还让看似枯燥乏味的会计也变得浪漫起来。

辛弃疾晚年仿效晋代隐士陶渊明，过着恬淡、舒适的田园生活，有词《西江月·示儿曹以家事付之》为证：

万事云烟忽过，百年蒲柳先衰，
而今何事最相宜，宜醉宜游宜睡。
早趁催科了纳，更量**出入收支**，
乃翁依旧管些儿，管竹管山管水。

辛弃疾这首词的下半部，以掌管家事而悠然自得，以计量收支而称心自娱。词中所用“出、入”乃宋朝官厅会计所用记账符号，“收、支”乃民间会计常用的记账符号。

此外，同为唐宋八大家的苏轼、苏辙兄弟二人也都在各自的诗词中不经意间透露出他们都是懂会计的人。苏东坡有诗句“几回无酒欲沽君，却畏有司书簿帐”，有司指官吏，簿帐即账簿。苏辙有诗句“粗知会计犹堪仕，贪就功名有底忙”，说明当时懂点会计是能当官的。其实，二人可不是略懂会计，而是熟知会计，善于理财。唐宋八大家中的王安石和曾巩也同苏氏兄弟一样，都是当时为国理财的高手。以上这些文学大家都熟知会计，宋朝会计的普及程度由此可见一斑，也应了那句“经济越发展，会计越重要”。

文学大家与理财

苏轼，唐宋八大家之一，宋代文学家、书画家。其文学造诣很深，诗、词、散文、书画等无一不精，脍炙人口之作甚多。苏轼曾著《省费用》一文，认为国有三计，“有万世之计、有一时之计，有不终月之计。”凡“计”均应以费用为中心，费有计，则国安。如能节天下无益之费，使国有储备，则无大患难。

苏辙，唐宋八大家之一，北宋散文家。元祐初年，苏辙与户部尚书李常等人主编了《元祐会计录》三十卷，并为该书作序。苏辙认为：凡节冗官，精士卒，克众用，便国富有余。

王安石，唐宋八大家之一，宋代改革家、思想家、文学家。任宰相后力主变法革新，认为理财是宰相要抓的头等大事，只有发展生产、节约支出，才能做好国家财政经济工作，才能真正实现国富民强。陆续推出《均输法》《市易法》《青苗法》等变法法令。

曾巩，唐宋八大家之一，北宋时期著名的散文家。曾巩不仅文采出众，对会计也是非常精通的，他曾写《经费议》一文，论述了量入为出、开源节流对经济生活的影响和重要性，宋神宗看后对其给予了高度评价。

我国第一首以算盘为题的五言诗——《算盘诗》，作者是元代刘因：

不作瓮商舞，休停饼氏歌。

执筹仍蔽簏，辛苦欲如何？

诗中用“瓮商舞”“饼氏歌”“执筹仍蔽簏”三个典故，抒写自己淡于名利，反对好财盘算的思想，告诫人们发财致富还得靠自己的辛勤劳作。

《算盘诗》的诗意

全国政协原副主席、当代诗人赵朴初先生为陈云写了一首题照诗：

唯实是求，珠落还起。

加减乘除，反复对比。

运筹帷幄，决胜千里。

老谋深算，国之所倚。

这首诗是赵老见到新华社记者岳湖拍摄的一张中共中央副主席陈云同志在杭州疗养时，在大厅金鱼池旁熟练打算盘的照片后诗兴大发所赋。全诗四言八句，言简意赅，古风浓郁，图文并茂，相映成趣。诗句既是对陈云同志为国理财业绩的赞誉，同时也是对我国珠算工作者的勉励和鼓舞，尤其是“唯实是求”四字警句，更足以作为财务工作者的座右铭。

图 1.28　陈云纪念馆的长算盘

2. 戏曲

元曲，是中国古代戏曲的代表，也叫元杂剧，是元代用北曲演唱的传统戏曲形式。在元曲的唱词中，也能发现会计的蛛丝马迹。在郑廷玉所做的《看钱奴买冤家债主》中，有个家大业大的贾员外，雇了个账房先生陈德甫，隔三岔五地到各分店里查“流水账”，然后汇总登记到总店的“总清账”上，用“总清账”控制“流水账”。记“总清账”的陈德甫就相当于现代的主管会计，各分店记“流水账”的就相当于报账会计。由此可见，元代的民间会计已经相当成熟了。此外，在著名剧作家关汉卿的《金银交钞三告状》中，所涉及的交钞是元代盛行的纸币，与金银同为流通货币。三种货币同时混用，对当时的会计工作是一个不小的考验。

3. 绘画

算盘入画，最著名的当属北宋张择端的《清明上河图》了，在画的左边赵太丞家药店的柜台上，摆着一把大算盘。这是迄今已知算盘最早见诸绘画的实证。另外，南宋刘松年所绘《茗园赌市图》中也有清晰的算盘，这说明有梁穿档算盘至迟在宋代已经出现。元初画家王振鹏在《乾坤一担图》中也有算盘入画。

图 1.29　茗园赌市图（局部）

近现代以来，把算盘作为主题入画的当属齐白石的《发财图》最为有名。1954 年，中国第二代油画家代表人物，徐悲鸿弟子戴泽先生画了一幅反映农村新貌的《小会计》，极具时代特色。

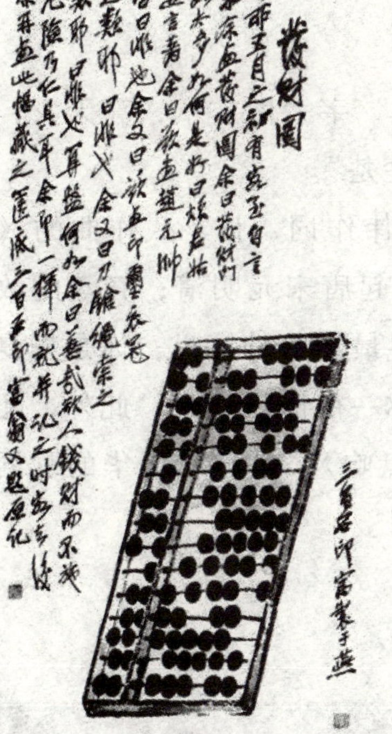

图 1.30　齐白石的画作——发财图

图 1.31　戴泽的油画《小会计》

4. 歌曲

最早的一首算盘歌，是苏广誉作词、蜀川作曲的《我的算盘好伙计》，这首歌诞生于 20 世纪 50 年代，曾经风靡于大江南北，成为当时的流行歌曲。“我的个算盘好伙计，唱起那歌儿来脆滴滴，从早我一直忙到晚，劈里个劈，啪啦个啪，劈里个劈啦噼里个啪，算出了丰收的好消息，嗨！社员们都欢喜。初中我毕了业还乡到队里，算盘就陪我当会计，咱们俩形影不分离，劈里个劈，啪啦个啪，劈里个劈啦劈里个啪，清清楚楚有条理，嗨！从不差分厘”。

最为成功的一首算盘歌，当属我国当代歌词大家乔羽先生作词于 1995 年中央电视台春节文艺晚会演出的《算盘歌》了，歌词如下：“下面的当一，上面的当五，一盘小小算珠，把世界算得清清楚楚。哪家贪赃枉法，哪家洁白清苦，俺教你心中有个准数。三下五去二，二一添作五。天有几多风云，人有几多祸福，君知否，这世界缺不了加减乘除。”乔羽先生高明之处在于紧紧抓住了一个“算盘”的“算”字大做文章，算天灾，算人祸，算清苦，算腐败，直到“把世界算得清清楚楚”。

《算盘歌》视频

最先登上《珠算》杂志的算盘歌当属由江志伟作词、张斗武作曲的《算盘之歌》：“算盘的故事多么幽深，根根珠杆串联起唐宋元明清；算盘的故事多么精彩，颗颗算珠闪耀着中华的文明。你是世界最早的计算机，你是华夏智慧的伟大结晶。啊，算盘，中国的算盘，我们对你一往情深……”此外，还有一首诞生在20世纪60年代带着时代烙印的《算盘响》，其朴实无华的歌词和算盘口诀入歌的运用，使其足以载入算盘文化史册。

5. 小说

在文学作品中多有出现算盘的身影，比如用作人物绰号，像施耐庵所著的《水浒传》中蒋敬的绰号为“神算子”，对他的肖像描绘则让他托了一架十五档、上二珠下五珠的大算盘。此外，以算盘为绰号的还有赵树理著《三里湾》中的“铁算盘”，金庸著《天龙八部》有个“金算盘”崔百泉。

冯梦龙著《醒世恒言》第十七卷中有“房中木桌上，更无别物，单单一个算盘，九本账簿。”这样的描写。另外他在《警世通言》《黄山谜》中也有对算盘的描写。

图 1.32　“神算子”蒋敬

李汝珍所著《镜花缘》第七十六回里说到六位才女聚在桃花坞，摆着算盘，谈论算法。书中还详细介绍了一种心算方法。

张恨水所著《金粉世家》中也多次提及算盘和账簿。

叶圣陶著《多收了三五斗》中有这样一段描写："'乡下曲辫子！'夹着一支水笔的手按在算盘珠上，鄙夷不屑的眼光从眼镜上边射出来，'一块钱钞票就作一块钱用，谁好少作你们一个铜板。我们这里没有洋钱，只有钞票'。"

6. 民间习俗

民间习俗中的算盘文化，虽因地域文化差异而异彩纷呈，但不难发现他们都有一些共同的特性，例如，都建立在崇敬算盘、爱护算盘的近于虔诚的算盘崇拜心态基础之上，都注重从孩童开始培训他们对算盘的崇敬和对珠算的学习，这些算盘文化习俗都体现在点点滴滴的具体的日常生活中。

（1）清盘过夜，不留数字在算盘上。这种算盘习俗流行区域较广，不仅在中国民间一直恪守这个习俗，甚至在海外华人中间也是如此。这个习俗的民俗学寓意颇有几分道理，即再大的数字都已经随着今天的逝去而成为历史，明天将一切从零开始。这是一种中国人纯朴务实优秀品质折射的产物，是不断拼搏奋斗积极心态的显现。

（2）大年初一打算盘。中国民间关于信念的习俗较为繁多，其中就有"大年初一打算盘"与"新春试笔""新春利市"并称新年三大吉事。"大年初一打算盘"，是指大年初一一大早就必须起来练算盘，即便是襁褓中的婴儿，也要由大人手把手地让他的小手指去拨弄几下算盘珠，寓示今年神机妙算、财路亨通。"新春试笔"，是指大年初一早晨，用新砚磨的墨开新笔认认真真写出新年第一张字，寓示今年文运大开。"新春利市"，是指大年初一店铺开门后迎来的第一个顾客被称为"利市幸运者"，不但购物不要付款，反而还能得到店老板赐予的红包俗称"利市"的犒赏，寓示开门见财，今年财运大通。

（3）把打算盘奉为童子功。这种算盘习俗在中国相当长的历史时期里一直久盛不衰，现在在中国的一些穷乡僻壤的农家中也还能见到这种传统习俗的沿袭。这种习俗说的是：对于学龄前儿童，每天早晨起床后必须练三种功夫——背古诗、练毛笔字与打算盘。每天均有不同的任务或定额，不完成便不能吃早饭，空着肚子也必须要完成。这种童子功虽然苦练时近乎残酷，但普遍反映为终身受用。许多有此经历的老人，谈起打算盘等童子功时，感叹之余更多的还是庆幸与感谢，无论从文还是从商，皆众口一词盛赞当年的童子功。

（4）客人进门三件事：请坐、敬茶与敬烟（水烟筒上悬算盘）。这里的“敬烟”是指双手捧上铜质水烟筒，而那烟筒上，就有一只铜质微型算盘饰物悬垂，客人可以取出烟筒上的通针，随意拨打微型算盘，寓意为亲兄弟，明算账，情归情，账归账。这是部分地域的民俗，其细节可在《新绿林传》等历史小说书中读到，也可从老辈人的口头故事中听到。

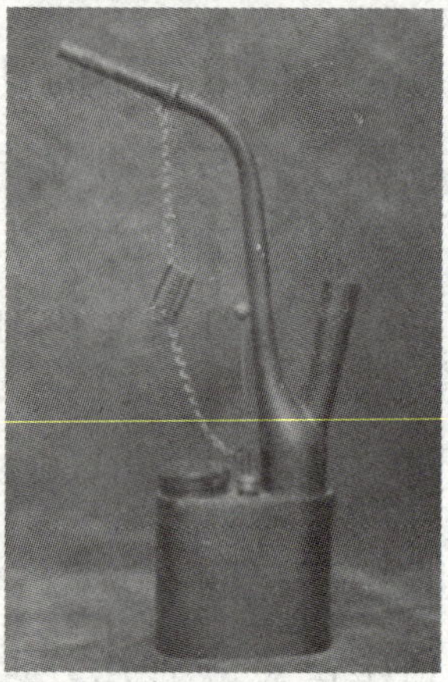
图 1.33　水烟筒上悬算盘

（5）算盘声声作铃声。这个习俗存在于早期民间店铺中，店小二和伙计们大多睡得很迟，但又必须起得很早，商店也不适合打钟，于是代代相传的起床信号铃便由算盘声取代，规定伙计起床后第一件事，就是频频摇响算盘以召唤其他伙计赶快起床。

（6）婴儿“抓周”必有算盘。抓周是中国传统风俗，现是东亚国家一种小孩周岁时的预卜婴儿前途的习俗。新生儿周岁时，将各种物品摆放于小孩儿面前，任其抓取，传统上常用物品有笔、墨、纸、砚、算盘、钱币、书籍、铲子、剪子、尺子等。抓到算盘，认为其比较善于理财，长大以后适合从事经

图 1.34　抓周

济类工作，比如经商、做会计师、经济师等，当然，这只是仪式感较强的一种愿望的表达方式。

知识链接

抓周筛上的每件器物都有相应的吉祥贺语。例如，“书”的贺语是“知书达礼中状元”；“尺子”代表为人处世“知长识短有分寸”；“剪刀”比喻从业百匠“心灵手巧工艺精”；“镜子”象征入仕为官“明镜高悬主公道”；“算盘”意为创业持家“精打细算发大财”。抓周与产儿报喜、办满月酒、百日礼一样，同属传统的诞生礼仪，其核心是对生命延续和对孩子健康成长的美好祝愿。

图 1.35 抓周筛

(7) 民间算盘饰品。民间饰品既是民俗文化的产物，又是民俗文化的载体。民间饰品中的算盘文化以其出奇制胜、开人眼界的魅力而引起人们的关注和好奇。曾经出现过的算盘类民间饰品有：如意算盘、手镯算盘、银锁算盘、戒指算盘、耳坠算盘、腰带算盘、不求人算盘、电话机算盘、文具盒算盘、钥匙扣算盘、水烟筒算盘等饰物，堪称小巧玲珑、精致奇妙。

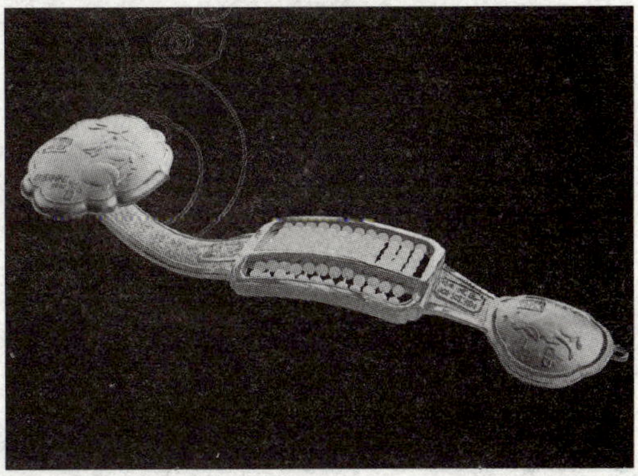

图 1.36 如意算盘

（8）算盘美食。算盘美食中的“算盘子”颇具代表性，这是一道大埔（客家）小吃，时至今日，“算盘子”已从广东大埔南渡到更远的南方，早已落地生根成为南洋一道华族佳肴；在农历新年的团圆饭桌上，能讨个象征“吃后变得会精打细算”“年年有余有钱算”的好兆头，在他乡土地上勤俭刻苦，开创未来以不负祖先寄望。这道小吃蕴含了海外华人的思乡之情。

图 1.37　思乡小吃“算盘子”

图 1.38　台湾贡丸大算盘

（9）算盘文化中的禁忌习俗。例如，不得让小孩儿将算盘翻过来当小车滚动玩耍；不得有灰尘污垢残留算盘上；使用算盘前必须先洗手；算盘必须轻拿轻放等。

1.3　会计核算工具与核算方法

1.3.1　会计核算工具

1. 度量衡

度量衡是指在日常生活中用于计量物体长短、容积、轻重的器具的统称。度量衡的发展大约始于原始社会末期。“度量衡”最早的记载出现于《尚书》：“协时月正日，同律度量衡。”因地域和国情不同计量统计方式也有所不同。而混乱的度量衡有碍于经济的发展，更不利于会计工作的有效开展。

公元前221年，秦王嬴政统一六国，史称秦始皇。然积年征伐，国力衰微，民心涣散，百废待兴，急需推出大力度的新政休养生息，以安天下。于是秦始皇连下几道诏书，“书同文”“车同轨”“行同伦”，统一货币，还创制了小篆、隶书，统一各国繁多、混乱的度量衡。《秦简·工律》载：“为器同物者，其大小、短长、广亦必等”。《中国古代计量史图鉴》收录的“中国古代度量衡量值表”则显示，秦尺、升、斤分别合23.1cm、200ml和253g。

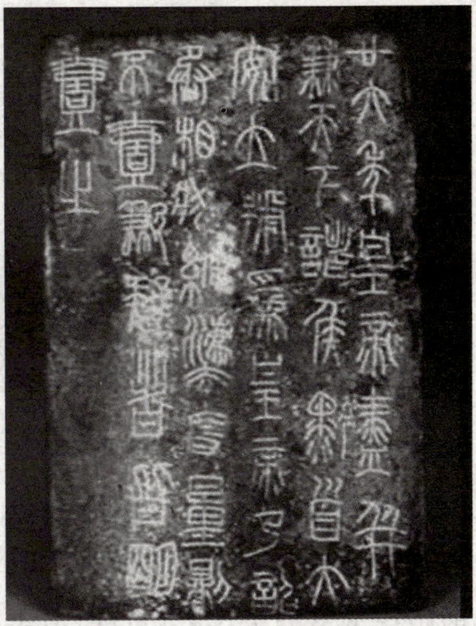

图1.39　秦始皇统一度量衡诏书

秦始皇统一度量衡诏书释文：“廿六年，皇帝尽并兼天下诸侯，黔首大安，立号为皇帝，乃诏丞相状、绾，法度量，则不壹，歉疑者，皆明壹之。”

（1）度——计量长短用的器具。长度单位的名称，上古时都是以人身体的某个部分或某种动作为命名依据的，例如，寸、咫、尺、丈、寻、常、仞等。在这些名称中，尺是长度的基本单位。

图1.40　西周武王铜尺（上）、玉钺（下）

咫与尺的区别

（2）量——测定计算容积的器皿。量器是古代计量农产品多少的主要器具，因此容量的计量产生最早，它的单位名称也最复杂，有掬、合、升、斗、斛等，掬是最初的基本的容积单位。

图 1.41　始皇诏方升（闫氏方升）

秦量三宝

（3）衡——测量物体轻重的工具。很早以来，铢、两、斤、钧、石五者都用作重量的单位。但古时对重量单位的说法复杂不一。例如，宋元明清的医生药方，凡是说到“分”的，是分厘之“分”，而晋唐时一分则为两钱半，二者不同。

秤，是常用的传统称重工具，也作“称”，多用于菜市场，杆秤今已不多见。秤的主体为木或竹竿，一端有一大钩，另一端挂有秤砣。现今多用电子秤。

图 1.42　秦铜权（秤砣）

图 1.43　杆秤

图 1.44　电子秤

2. 算筹

到了周代，中国发明了当时最先进的计算工具——算筹或算子。这是一种用竹、木或骨制成的颜色不同的小棍，一般长度 13 ~ 14cm，直径 0. 2 ~ 0. 3cm。

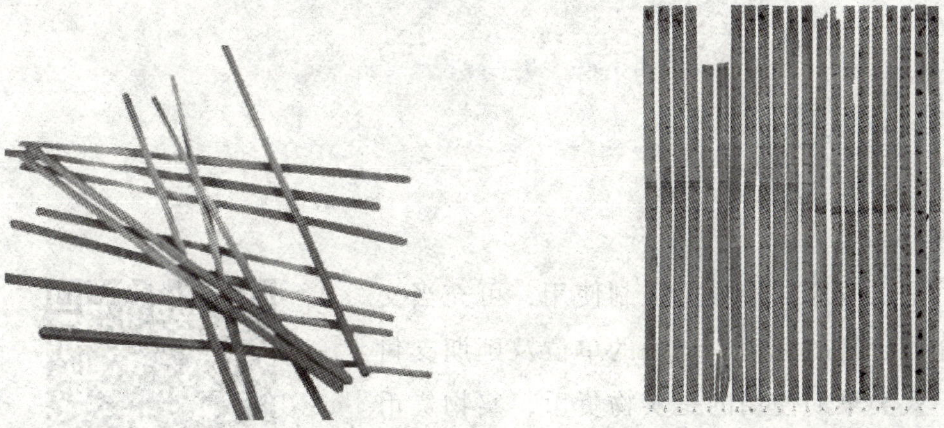

(a)　　(b)

图 1.45　算筹

3. 算盘

算盘是中国的又一创造发明，也是计算工具发展史上的一项伟大发明。算盘不仅对中国经济的发展起过有益的作用，而且传到日本、朝鲜、俄罗斯和东南亚，乃至世界各地，至今仍在使用。

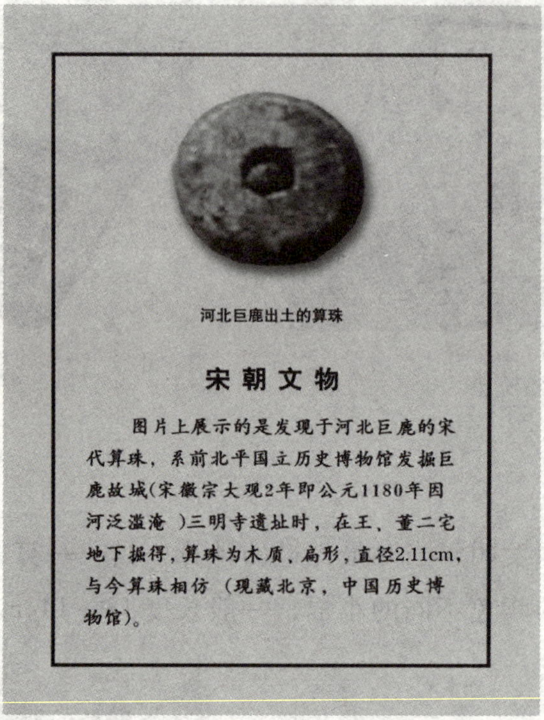

图 1.46　最早的算珠实物

4. 货币

货币是由政府法律规定强制使用，可充当交易的媒介、价值的标准、记账的单位及延期支付的工具。人类早期使用的是实物货币，实物货币属于货币的一种形式，在不同的历史时期，产生了不同的实物货币。春秋战国时期，各诸侯国货币的币材、轻重、形状和计量单位各不相同，十分繁杂、混乱。秦始皇统一天下后，着手统一货币。统一了币材（上币黄金，下币铜钱）、形状（圆形方孔）、重量（标重半两，俗称秦半两）和铸币权（收归中央政府）。货币的统一在相当程度上促进了商品经济的发展。

海昏侯墓马蹄金

货币发展的进程大体上可以分为实物货币、金属货币、纸币和电子货币。我国是世界上最早使用纸币的国家。是从北宋初年在四川成都开始流行的，当时被称为“交子”。元代曾经大量使用过纸币，有“交钞”和“宝钞”。

图 1.47　贝币

图 1.48　蚁鼻钱（鬼脸钱）

图 1.49　统一货币秦半两

图 1.50　汉武帝时马蹄金

图 1.51　汉代五铢钱

图 1.52　唐——开元通宝

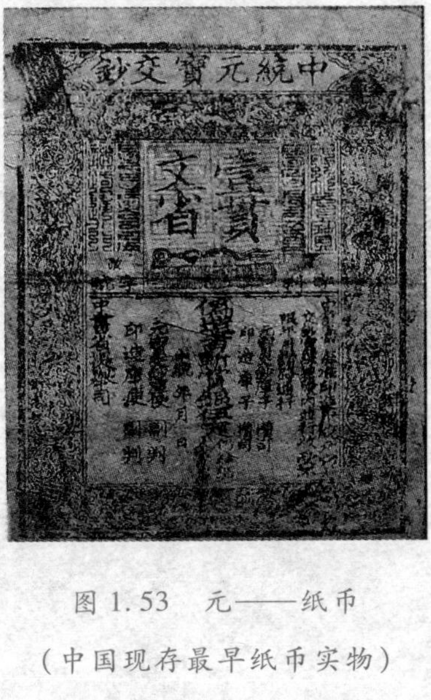

图 1.53　元——纸币

（中国现存最早纸币实物）

图 1.54　人民币

5. 收款机

手摇式老收款机上面有带数字的键，还有一些英文字母。用手柄摇两圈，铃一响，抽屉弹开，这说明交易成功，否则抽屉打不开。如今商场、店铺普遍使用现代的收款机。

图 1.55 手摇式收款机

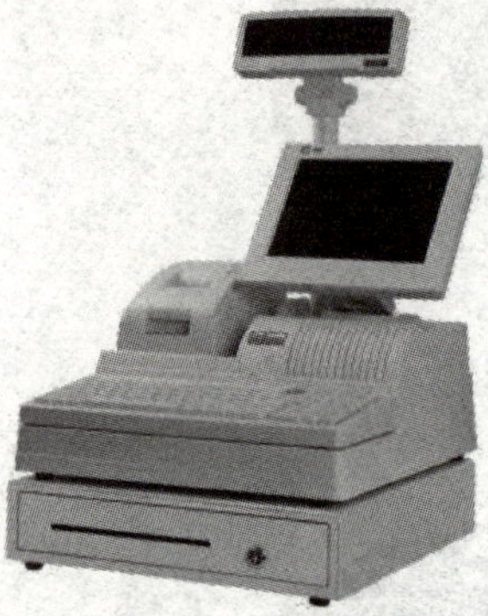

图 1.56 现代的收款机

6. 点钞机

点钞机是自动清点钞票数目的机电一体化装置，一般带有伪钞识别功能，集计数和辨别伪钞票为一体的机器。

图 1.57 点钞机

7. 保险箱

保险箱是一种用于存放现金和贵重物品的特殊容器，根据其功能主要分为防火保险箱、防盗保险箱、防磁保险箱和防火防磁保险箱等。

图 1.58 保险箱（老式）

图 1.59 保险箱（新式）

8. 打印机

打印机是计算机的输出设备之一，用于将计算机处理结果打印在相关介质上，例如，记账凭证和发票等的打印。

图 1.60 打印机

9. 电子计算器

电子计算器是一种现代计算工具，是现代人发明的可以进行数字运算的电子机器。由于其体积小、运算快、操作简便，已经在各行各业得到广泛使用。

10. 计算机

1946 年，世界上第一台计算机诞生于美国宾夕法尼亚大学。计算机在我国会计行业的应用始于 20 世纪 70 年代末，经历了尝试阶段、自发阶段和有组织、有计划的商品化稳步发展阶段和管理型会计软件以及 ERP 的发展阶段。

图 1.61　世界上第一台计算机 ENIAC

图 1.62　计算机

11. 会计凭证

会计凭证是记录经济业务、明确经济责任的证明文件，包括原始凭证和记账凭证，是登记账簿的依据。会计凭证是记录经济信息的载体。

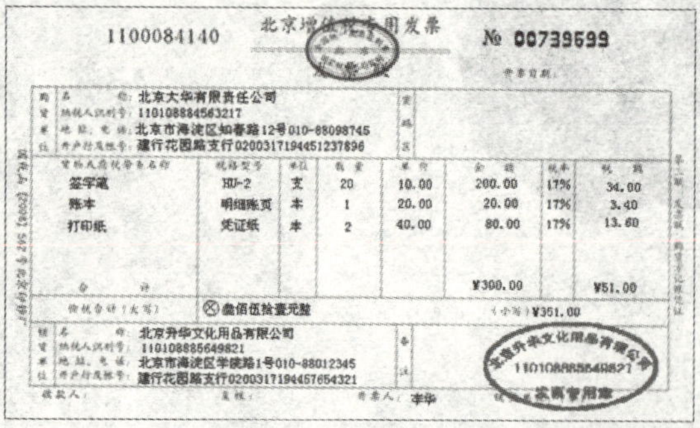

1100084140　北京增值税专用发票　№ 00739599

购货单位　名称：北京大华有限责任公司
纳税人识别号：110108884563217
地址、电话：北京市海淀区知春路12号010-88098745
开户行及账号：建行花园路支行0200317194451237896

货物或应税劳务名称	规格型号	单位	数量	单价	金额	税率	税额
签字笔	HU-2	支	20	10.00	200.00	17%	34.00
账本	明细账页	本	1	20.00	20.00	17%	3.40
打印纸	凭证纸	本	2	40.00	80.00	17%	13.60
合计					¥300.00		¥51.00

价税合计（大写）　⊗叁佰伍拾壹元整　（小写）¥351.00

销货单位　名称：北京升华文化用品有限公司
纳税人识别号：110108885649821
地址、电话：北京市海淀区学院路1号010-88012345
开户行及账号：建行花园路支行0200317194457654321

开票人：李华

(a)

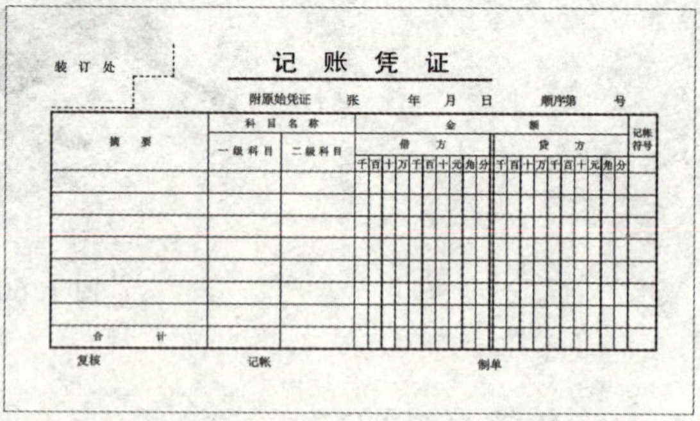

装订处

记 账 凭 证

附原始凭证　张　年　月　日　顺序第　号

摘要	科目名称		金额		记账符号
	一级科目	二级科目	借方	贷方	
			千百十万千百十元角分	千百十万千百十元角分	
合计					

复核　记帐　制单

(b)

图 1.63　会计凭证

12. 会计账簿

会计账簿是由按账户开设的账页组成，用于连续、系统、分类记录经济业务引起会计要素变动的簿籍，是编制财务报表的依据，也是保存会计资料的重要工具。

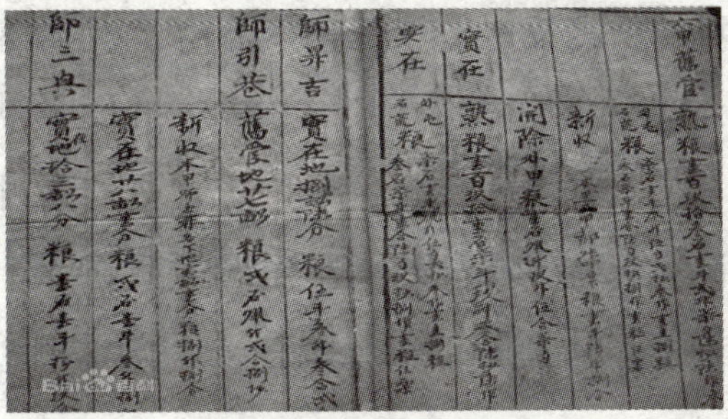

图 1.64　四柱清册

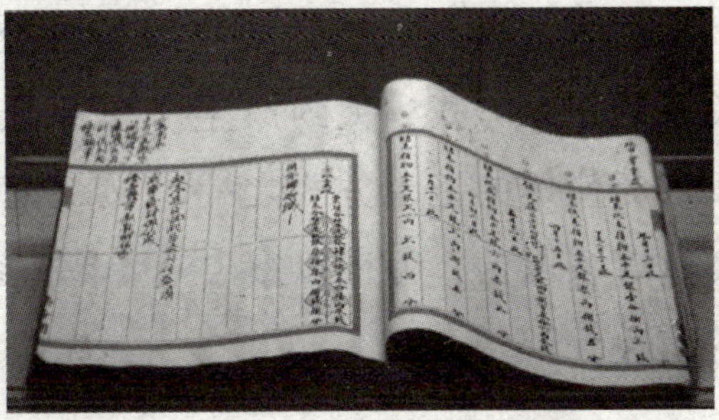

图 1.65　明清时期山西票号装订账本

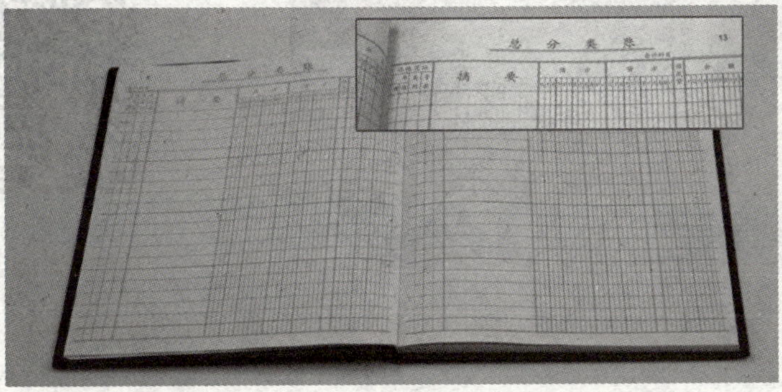

图 1.66　总账账本

13. 会计报表

会计报表是企业向外传递会计信息的主要手段，会计报表是根据日常会计核算资料按规定定期编制的。综合反映企业某一特定日期财务状况和某一会计期间经营成果、现金流量的总结性书面文件。

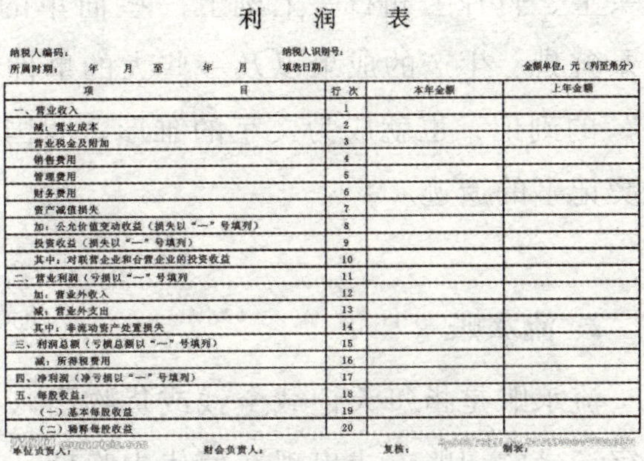

利　润　表

纳税人编码：　　　　纳税人识别号：
所属时期：　年　月　至　年　月　　填表日期：　　　　金额单位：元（列至角分）

项　　　目	行次	本年金额	上年金额
一、营业收入	1		
减：营业成本	2		
营业税金及附加	3		
销售费用	4		
管理费用	5		
财务费用	6		
资产减值损失	7		
加：公允价值变动收益（损失以"—"号填列）	8		
投资收益（损失以"—"号填列）	9		
其中：对联营企业和合营企业的投资收益	10		
二、营业利润（亏损以"—"号填列	11		
加：营业外收入	12		
减：营业外支出	13		
其中：非流动资产处置损失	14		
三、利润总额（亏损总额以"—"号填列）	15		
减：所得税费用	16		
四、净利润（净亏损以"—"号填列）	17		
五、每股收益：	18		
（一）基本每股收益	19		
（二）稀释每股收益	20		

单位负责人：　　财会负责人：　　复核：　　制表：

图 1.67　会计报表（利润表）

1.3.2 会计核算方法

1. 结绳记事和刻契记事

结绳记事（计数）是指原始社会以绳结形式反映客观经济活动及其数量关系的记录方式，大约产生于母系氏族社会。结绳记事（计数）是被原始先民广泛使用的记录方式之一。文献记载：“上古结绳而治，后世圣人易之以书契，百官以治，万民以察”（《易·系辞下》）。结绳记事一般被视为我国会计的萌芽。

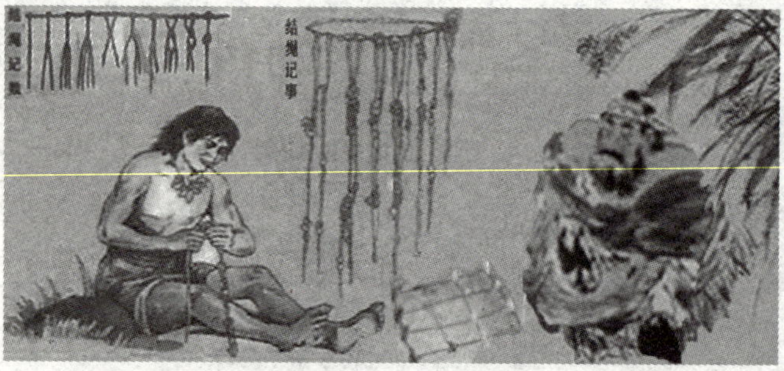

图 1.68　结绳记事

隶首作数的传说

刻契记事是随着原始先民社会实践经验不断积累而逐步发现并使用的，在木头上、竹片上和石头上刻上一些简单的横杠、竖杠、圆形、三角形等记号，记录狩猎、生产的成果以及一些大的事件。而这些记号即我们后人称之为“符号”的刻记，也就成为文字的雏形。我国西安半坡村和临潼地区都有发现原始刻契记事的遗迹。

2. 流水账

流水账是指每天记载金钱或货物出入、不分类别的记账方法。我国最早有文字记录的记账方式出现在商代中晚期，在殷商甲骨文中，有相对固定的表示收支的文字，有关经济活动的数量表示清晰明确，对经济收支事项的记录采用文字叙述方式，通俗而言就是我们所说的流水账。当时的记录已有专门的账簿，称为“册”，是一种用麻绳把竹片串在一起的“账簿”。《尚书·多士》记载：“惟殷先人有册有典”，只可惜至今尚无实证。不过，流水账的记录方法则一直延续代传。

图 1.69　甲骨文

3. 三柱结算法

从商代后期开始出现“三柱结算法”的雏形，应用时期约至秦代。就单式记账法而言，早期如西周、春秋战国时人们的会计思想还是处于混沌状态，记录中只出现物品的种类以及数量的多少，尚未明确收支的区别。到了秦朝，出现了明显的记账符号“出”和“入”。“三柱结算法”的公式为“入－出＝余”。西汉时期的单式记账法中“出”和“入”在会计记录中已经被广泛采用，而且这些符号一般都固定在账本的首位。到了唐宋时期仍沿用此法，但民间会计已出现了复式记账法的萌芽。

4. 四柱结账法

在中国唐代中期的官厅会计核算中，已有了“四柱”基本名目的运用，开始由“三柱结算法”向“四柱结算法”过渡。“四柱结算法”公式为：“旧管＋新收－开除＝实在”。“旧管”指的是期初余额，“新收”指的是本期增加数，“开除”指的是本期减少数，“实在”指的是期末余额。这四方面的经济活动，反映了全部收支结余的内在联系。它与现代的会计结算式相同。由此公式演变的各种会计计算目前还在广泛地运用。“四柱结算法”的出现亦是中国会计发展史上里程碑式的事件，其先进程度远远超过同期西方的水平，比西式平衡结算法的出现要早好几百年。它是中国会计对世界会计方法发展的一个重要贡献。

5. 龙门账

在明清时期，我国民间先后产生了两种有代表性的复式记账方法：龙门账法与四脚账法。龙门账法产生于明末清初，核算重点是总账，涵盖了比较健全的会计报表内容，以“收”“付”为记账符号，将经济业务分为“进”（收入类）、“缴”（费用类）、“存”（资产类）、“该”（资本和负债类）四类，其关系为：进－缴＝存－该，并设有进缴结册（损益类报表）与存该结册（资产负债类报表）。

6. 四脚账

四脚账法则比龙门账法更为完善一些。其（账册）格式分为上下两格，上格列示一切来账，下格列示一切去账。其特点是：注重经济业务的收方（即来方）和付方（即去方）的账务处理，无论是现金收付事项还是非现金收付事项（转账事项）都在账簿上记录两笔，既记入“来账”，又记入“去账”，而且来账和去账所记金额必须相等（有来必有去，来去必相等），否则说明账务处理有误。这种记账法的基本做法与西式复式簿记方法有着异曲同工之妙。四脚账法的应用是我国会计发展的一次重大转变，它把中式会计推向一个新的发展阶段，是中国会计发展史上的光辉篇章。

7. 借贷记账法

以“借”“贷”两字作为记账符号的借贷记账法起源于13～14世纪的意大利。1494年，意大利数学家卢卡·帕乔利的《算术、几何、比与比例概要》一书问世，标志着借贷记账法正式成为大家公认的复式记账法，同时，也标志着近代会计的开始。卢卡·帕乔利被称为“近代会计之父”。

图 1.70　卢卡·帕乔利

8. 会计电算化

会计电算化是把电子计算机和现代数据处理技术应用到会计工作中的简称，也叫计算机会计，是指以电子计算机为主体的信息技术在会计工作中的应用，具体而言，就是利用会计软件，指挥各种计算机设备替代手工完成会计工作的过程，是一个应用电子计算机实现的会计信息系统。它实现了数据处理的自动化，使传统的手工会计信息系统发展演变为电算化会计信息系统。会计电算化是会计发展史上的一次重要变革，它不仅是会计发展的需要，也是经济和科技对会计工作提出的要求。

9. 会计人工智能

2017 年 5 月，财务机器人横空出世，由国际四大会计师事务所之一的德勤隆重推出，瞬间引爆财务圈。此后，短短数月，同属国际四大会计师事务所的毕马威、普华永道、安永也相继推出自己的财务机器人以及财务机器人解决方案，一场对于传统财务行业的变革正在进行中，一个“机器人流程自动化”的人工智能时代正悄悄来临。财务机器人是能够部署在服务器或计算机上的应用程序，主要功能为代替财务流程中的手工操作，使原先那些耗时、操作规范化、重复性强的手工作业，以更高的效率和更低的成本实现自动化。机器人的操作在成本方面以及工作效率方面，拥有巨大的优势。

德勤财务机器人

图 1.71　德勤财务机器人（漫画）

认知2　会计精神文化

会计精神文化是指在会计物质文化和会计制度文化的基础上形成的会计人员的价值观念、思想意识、精神面貌和心理素质等，其中，最主要的是价值观念。会计精神文化是会计文化的核心内容。而在会计精神文化中，会计职业道德和会计精神是一个永恒的话题。

2.1　诚信故事

2.1.1　朱镕基同志为国家会计学院题词的故事

财政部前部长项怀诚在《著诚去伪　礼之经也——朱镕基同志3次题词“不做假账”》一文中如此写道：

“朱镕基同志几乎从不题词，他在任国务院总理期间，却‘破例’为新成立的国家会计学院3次题词‘不做假账’，并明确指示将其作为校训。这既说明了朱镕基同志对国家会计学院的特殊‘偏爱’，更充分显示了他对会计工作和会计人员职业操守的重视。目前，‘不做假账’已经成为会计业界甚至经济领域的至理名言。

2001年，朱镕基同志先后3次写过‘不做假账’的题词。第一次是4月16日，他视察上海国家会计学院，为学院题写了‘不做假账’的校训。第二次是10月29日，他视察北京国家会计学院时，又一次题了词。朱镕基同志平时在各地视察工作时几乎从不题词，惜墨如金。那次北京国家会计学院备好笔墨，请他题词。朱镕基同志缓缓地走到案前，执笔写下‘诚信为本，操守为重，凡我校友，不做假账’16个字。这个题词意义深远，已经不仅是国家会计学院的校训了，他用题词的方式对全国一千多万名会计人员的职业操守提出了要求。我①拿到这张薄薄的宣纸时，感觉沉甸甸的。

过了两天，我突然接到总理办公室主任李伟同志电话，说朱镕基同志觉得那天的题词不太确切。‘凡我校友，不做假账’，好像不是会计学院的校友，就可以做假账似的。他已重新写了一张，让我派人持原来的题词去换取新的题词。

---

① 指财政部前部长项怀诚。

新的题词把第三句‘凡我校友’改为‘坚持准则’，第二天新闻稿中用的是‘遵循准则’，我估计是朱镕基同志亲自改的，可能‘坚持’不如‘遵循’更为准确。后来我们贯彻落实时用的都是‘遵循准则’，但北京国家会计学院校园内花岗岩上镌刻的题词还是‘坚持准则’那一版。一个题词一改再改，力求准确，这种认真的精神实在难能可贵。

朱镕基同志视察北京国家会计学院时在讲话中提倡会计学院要搞‘案例教学’‘诚信教育’，要把诚信教育放在首位。他语重心长地说，在国家会计学院接受培训并取得合格证书的人，不仅要有一流的专业水平，更要有一流的职业道德水平，绝对不做假账！”

诚信教育之题词故事

（a）　　　　（b）

图 2.1　朱镕基同志题词

2.1.2　商鞅徙木立信（立木为信）的故事

“令既具，未布，恐民之不信，乃立三丈之木于国都市南门，募民有能徙置北门者予十金。民怪之，莫敢徙。复曰：‘能徙者予五十金！’有一人徙之，辄予五十金，以明不欺。卒下令。”①

图 2.2　商鞅徙木立信

商鞅起草了一个改革的法令，但没有马上公布，是怕老百姓不信任他，不按照新法令去做。就先叫人在都城的南门竖了一根三丈高的木头，许诺说：“谁能把这根木头扛到北门去，就赏十两金（黄铜）。”

不一会儿，南门口围了一大堆人，大家议论纷纷，有的说：“这根木头谁都拿得动，哪儿用得着十两赏金？”有的说：“这大概是左庶长成心开玩笑吧。”

大伙儿你瞧我，我瞧你，就是没有一个上去扛木头的。

商鞅知道老百姓还不相信他，就把赏金提到五十两。没有想到赏金越高，看热闹的人越觉得不近情理，仍旧没人敢去扛。

正在大伙儿议论纷纷的时候，人群中有一个人跑出来，说：“我来试试。”他真的把木头扛起来就走，一直扛到北门。

① 摘自《史记·卷六十八·商君列传》。

商鞅手下立刻赏给扛木头的人五十两金，分文不少。

这件事立即传开了，一下子轰动了秦国。老百姓说："左庶长的命令不含糊。"

商鞅知道，他已初步建立起威信，顺势颁布了新法令。

商鞅变法

世界各地都有很多诚信故事，它们穿越时空，流传千古，历久弥新。诚信，是人类的"无形资产"，也是会计精神文化中永恒的主题。

2.2 会计职业道德

会计职业道德，是指在会计职业活动中应当遵循的、体现会计职业特征的、调整会计职业关系的职业行为准则和规范。会计职业道德是一般社会公德在会计工作中的具体体现，引导、制约会计行为，调整会计人员与社会、会计人员与不同利益集团以及会计人员之间关系的社会规范。它贯穿于会计工作的所有领域和整个过程，体现了社会要求与个性发展的统一，着眼于人际关系的调整，以是否合乎情理、善与恶为评价标准，并以社会评价（荣誉）和个人评价（良心）为主要制约手段，是一种通过将外在的要求转化为内在约束的非强制性规范。

简单地说，会计职业道德要求财会工作者在履行公职中"应当怎么样""不应当怎么样"。这些道德标准是财经法规、财会政策制度所不能替代的。非法行为肯定不道德，但合法行为也可能存在着不道德问题。应增强会计人员的自律性，通过会计人员的自我监督、自我约束、自我调节来实现对会计行为的规范，通过正式制度的他律和会计职业道德自律相结合形成稳固的会计行为规范体系，防止正式制度刚性约束不足而出现的会计行业败德、失信行为。

会计职业道德主要内容有八项，具体如下：

（1）爱岗敬业。要求会计人员热爱会计工作，热爱本职岗位，忠于职守，尽心尽力，尽职尽责。

（2）诚实守信。要求会计人员做老实人，说老实话，办老实事，执业谨慎，信誉至上，不为利益所诱惑，不弄虚作假，不泄露秘密。

（3）廉洁自律。要求会计人员公私分明、不贪不占、遵纪守法、清正廉洁。

（4）客观公正。要求会计人员端正态度，依法办事，实事求是，不偏不倚，保持应有的独立性。

（5）坚持准则。要求会计人员熟悉国家法律、法规和国家统一的会计制度，始终坚持按法律、法规和国家统一的会计制度的要求进行会计核算，实施会计监督。

（6）提高技能。要求会计人员增强提高专业技能的自觉性和紧迫感，勤学苦练，刻苦钻研，不断进取，提高业务水平。

（7）参与管理。要求会计人员在做好本职工作的同时，努力钻研相关业务，全面熟悉本单位经营活动和业务流程，主动提出合理化建议，协助领导决策，积极参与管理。

（8）强化服务。要求会计人员树立服务意识，提高服务质量，努力维护和提升会计职业的良好社会形象。

2.3　会计精神

会计精神，是指会计人员应具有和所追求的精神风貌与思想境界，是在长期的会计实践活动中所形成的由会计性质所决定并贯穿于会计行为之中的为会计人员所特有的最基本的性情、人格、意识、观念、感觉、思维活动和一般心理状态等内在抽象的总和。会计精神的提炼，是会计理论与会计实践相结合的产物，是会计行业历史经验与现实需要相结合的产物，是会计人员优良传统的继承与创新的产物。因此，会计精神，提炼于会计实践，提炼于历史经验，提炼于继承与创新之结合。会计精神主要包括五个方面：

1. 诚实守信

诚实守信就是真实、诚恳、讲信义，对于会计人员就要求他们真实无欺、遵守并认真履行对企业及社会的承诺。孔子说：言而无信，不知其可也！墨子说：言不信者，行不果。因为诚实守信是人与人之间交往的必要条件，没有诚信则一切都是空谈，所以诚实守信是作为会计精神的首要要求而存在的。诚实守信首先体现了会计务必遵循的实事求是、求真务实的思想；其次体现了朱镕基同志曾提出的“不做假账”的基础要求；最后是确保数字准确的防线不被突破，保证数字的准确，是政策决定的依据，事关会计事业的生命。我国现代会计之父潘序伦先生曾指出，“立信，乃会计之本；没有信用，也就没有会计”。作为一名会计人员一定要以诚为做人之本，以信为做事之基。诚实守信是会计立命之本。

2. 客观公正

会计精神文化之客观公正

客观公正中的客观指的是不依赖人的主观意识而存在的客观事物、客观事实，公正则是指公平而不偏私。客观公正体现会计人“只唯实”的客观，“不偏私”的公正。反映在会计工作中就是坚持准则、维护公平、依法理财、依法办事。客观性原则是公正性原则的前提和基础，公正是客观的结果和必然选择。事实上客观公正，是会计工作者思想道德素质和业务专业素质的综合性要求，是做事业、做学问必须先做人、做好人的基本条件与保证。客观公正就意味着会计人员不仅要对所提供信息的客观真实性负责，更要为所提供的会计信息的使用者负责。做到客观公正，固然不易；但作为会计人，这是人生的必修课。

3. 勤勉严谨

勤勉指的是勤勤恳恳，努力不懈；严谨指的是严格谨慎，严密无漏。客观地说，任何人的成功都离不开勤勉勤奋。“谨慎”是会计原则体系中的重要原则，也是会计人应具有的工作态度。财务会计人员，天天与数字打交道，天天与报表打交道，数要准，账要对，表要平，必须勤字当头严字把关，没有勤勉严谨的工作态度和精神，就无法做好会计工作。

会计精神文化之勤勉严谨

4. 沟通协作

财务会计工作早已过了闷头做账的年代，如今的财务会计工作都是在一个相当复杂的环境中进行的，是在由方方面面构成的关系网中完成的。能否理解和处理好这些关系，将在很大程度上决定财会工作的效率和质量。因此，财会人员都要具备沟通协作精神，正确处理各种财务和会计的关系。沟通协作不仅仅是一种能力，更应该是一种精神意识，对现代的会计工作和会计人员而言，具备沟通协作精神是非常必要的。

5. 进取创新

现代社会呼唤会计职业要具有与时俱进和不断创新的精神，进取创新是各项事业不断前进的动力。会计事业的发展进步，必须有会计人员不断开拓创新。知识经济蓬勃发展，知识更新全面提速，科技人才竞争激烈。会计的理论需要创新，会计的实践需要创新，从结绳记事到会计人工智能，会计工作本身也在进取创新中加速前行。会计人员只有具备不断进取的精神，才有可能不被淘汰。因此，现代社会特别需要进取创新这样的应对变革、主动作为的会计精神。

会计精神文化之进取创新

认知3 会计制度文化

会计制度反映的是会计管理部门管束特定行为的制度，是经济管理制度的重要组成部分，是根据会计理论制定的直接指导会计工作的规则、方法和程序的总称。它一般有广义与狭义之分。广义的会计制度包括会计法及其他会计法规、会计准则、统一会计制度和单位会计制度。狭义的会计制度则仅指统一会计制度和单位会计制度。

会计文化最终会体现在会计规范、准则和制度中。因此，会计制度文化是会计物质文化和会计精神文化的中介，是指规范会计人员思维方式和行为模式的准则，包括会计人员应遵守的各项会计法律法规、规章制度、管理办法等。我国目前已形成了以《会计法》为中心，国家统一的会计制度为基础的相对完整的法规体系。此外，企业内部则应从日常会计核算实务出发，制定内部会计制度，使宏观上的会计制度转化为具有可操作性的制度和规则。会计制度文化是企业在经营活动中调整会计人员与他人、会计人员与组织之间关系的外在的、强制性约束的文化产物，具有明显的时代特征。

3.1 我国会计制度的演变简介

我国会计制度从无到有，发展演变大致可分为以下几个阶段：

1. 萌芽期（上古时期）

在人类社会早期，人们用实物、结绳、刻契等方式来表示数量关系。这种原始计量记录行为可以视为会计的萌芽状态。

2. 育雏期（商朝）

我国可考的最早用文字记载会计事项的是殷商甲骨文。甲骨文记录和反映了商朝，主要是中后期（前14～前11世纪）的政治和经济情况，内容以记载盘庚迁殷至纣王间二百七十年之卜辞为主。其中“入”“来”“氏”等字基本固定为物品的收入之意；“用”“取”“示”等字基本固定为支取之意，表示数字的文字从“一”至几百都有发现，此外还有对时间、地点和货币的记录。并且记录分工较明确，有记录史官的签名。由此可见，在商朝中后期我国会计记录的雏形已然显现。

图3.1 甲骨文

3. 形成期（西周）

西周时，“会计”一词正式出现——“零星算之为计，总和算之为会”。文字叙述式的记账法也已经形成，中央政府还设立“司会”一职，为当时的会计长官，《周礼》称：司会掌邦国会计之法度，对财务收支活动进行“月计岁会”，管理财务收支活动。司会下设“司书”“职内”“职岁”“职币”四个职能部门（司书掌管会计账簿，职内掌管财务收入账户，职岁掌管财务支出类账户，职币掌管财务结余）。并建立多种制度：定期会计报告（日成、月要、岁会）制度、专仓出纳（九府出纳）制度、财物稽核控制（账、钱、物分管）制度等。从《周礼·天官》中可以看出，我国西周时期已经初步形成一套较完备的会计工作组织系统。

4. 成长期（春秋战国、秦汉）

春秋时期，孔子提出了我国最早的会计原则：“会计当而已矣”，即会计要真实、准确（“客观性”原则）。

战国时代，我国最早的成文法典——《法经》，对会计账簿及会计技术方面都有详细规定。

此后，秦汉法律对会计行业的规范进一步细化。

在记账方法上，以“入”“出”为记账符号的“三柱结算法”也在秦汉时期正式确立。

西汉时，郡国向朝廷呈报的“上计簿”（财务收支簿），可视为我国“会计报告”的开端。地方行政长官定期向上级呈报上计文书，报告地方治理状况①。至此，我国有关会计的各种要素（会计原则、会计法律、会计方法、会计报告）基本形成。

图 3.2　上计簿简牍

① “上计”制度：萌芽于春秋战国，发展于秦代，完善于西汉。

5. 成熟期（唐宋）

唐宋时期我国产生了《元和国计簿》《太和国计簿》《会计录》等具有代表性的会计著作（著录）。唐代颁布的《长行旨条》，成为我国最早的财政预算制度，同时，也是中式会计史上最早的全国统一会计科目。

唐朝由户部掌管全国田地、人户之登统，赋税之征收以及全国会计事宜。户部下设“度支部”作为会计主管机关。唐朝的审计制度是：把国家财政稽核的职能，从财务行政系统中划分出来，交与隶属于刑部的“比部”掌管，会计与审计已明确分离。

到了唐代中后期，著名的“四柱结算法”得以确立。

宋朝，建立了我国会计史上第一个以“会计”命名的独立的政府会计职能部门——“三司会计司”，总核天下财富收入，提高了会计机构的地位。同时，“簿记”一词也首次出现在宋代的文献之中。

6. 由盛而衰（明清）

明代的三脚账，是由单式记账法向复式记账法发展的一种过渡形态的记账方法。在此基础上，明末清初发展出“龙门账法”，标志着中式簿记由单式记账向复式记账转变。在龙门账的基础上，清代又出现另一种比较成熟的复式记账方法——“四脚账法”，又名“天地合”。四脚账的基本原理已经与西式复式记账法相同。

然而，在清末随着西式会计的引入，中式会计趋于衰落。

7. 变革（近现代）

近现代，我国会计史上发生了三次变革：

（1）20世纪初期，西方借贷记账法的传入，英美会计制度也随之被引进，我国开始改良中式簿记，颁布会计法，推行现代会计。

（2）新中国成立后，我国引进苏联会计模式，并继续对传统的会计理论、制度和方法进行变革。

（3）改革开放后，我国会计突破原有模式，不断向国际会计靠拢。

——1985 年，颁布、实施《中华人民共和国会计法》；

——1992 年，制定、实施《企业会计准则》；

——2000 年，《企业会计制度》发布，2001 年 1 月 1 日开始实施；

——2006 年，发布了新的《企业会计准则》，标志着我国会计事业进入新时期。

我国的会计制度走过了漫长的历史，至今仍紧跟时代的脚步，不断自我调整。

中式会计制度的演变

3.2 会计法律与会计行政法规

我国的会计法律制度，是指由全国人民代表大会及其常委会经过一定立法程序制定的有关会计工作的法律。《中华人民共和国会计法》（以下简称《会计法》）是调整我国经济生活中会计关系的法律总规范，是我国会计法律制度中层次最高的法律规范，是制定其他会计法规的依据，也是指导会计工作的最高准则。此外还有《中华人民共和国税收征管法》。

我国最早的一部完整封建法典——战国时的《法经》，即对会计问题做出相关规定；北洋政府于 1914 年（民国三年）3 月公布《会计法条例》，同年 10 月 2 日重新修订改称《会计法》，又被称为“民三会计法”，这是中国独立进行会计立法的首次尝试；新中国于 1985 年 1 月 21 日第六届全国人民代表大会常务委员会第九次会议通过了《中华人民共和国会计法》，自 1985 年 5 月 1 日起施行；1993 年 12 月 29 日第八届全国人民代表大会常务委员会第五次会议通过了《关于修改〈中华人民共和国会计法〉的决定》，自公布之日起施行；1999 年 10 月 31 日第九届全国人民代表大会常务委员会第十二次会议修订，自 2000 年 7 月 1 日起施行。

会计行政法规是指由国务院制定发布或者国务院有关部门拟订经国务院批准发布，调整经济生活中某些方面会计关系的法律规范。如国务院发布的《企业财务会计报告条例》《总会计师条例》等。

法律之最

汉谟拉比法典

公元前18世纪初，古巴比伦王国第六任国王汉谟拉比（约公元前1792—前1750年在位）发动大规模战争，基本统一了两河流域。为了强化统治，汉谟拉比制定了世界上第一部比较完备的成文法典——《汉谟拉比法典》（公元前1763年）。这部法典以楔形文字刻在一段黑色玄武岩石柱上，故又名“石柱法”。

图3.3 汉谟拉比法典

公元前1163年，埃兰人攻占了巴比伦，这座石碑被当作战利品运到了苏撒。后来，石碑几经辗转，现藏于法国巴黎卢浮宫博物馆。

《汉谟拉比法典》（以下简称《法典》）全文由序言、正文和结语三部分组成。序言和结语约占全部篇幅的1/5，正文包括282条法律，共3 500行。《法典》涉及现代意义上的民事、刑事、诉讼等领域，意在调解自由民之间的财产占有、继承、转让、商贸、租赁、借贷、债务、盗窃、婚姻、雇佣等多种经济关系和社会关系。

会计制度文化之汉谟拉比法典

《法典》还反映出当时社会已经存在多种契约关系（买卖、借贷、租赁、承揽、寄存、合伙、雇佣等），以及按工种支付报酬、依据会计凭证进行结算等经济现象，是研究古代会计和会计法的重要史料。

3.3 国家统一的会计制度和单位会计制度

国家统一的会计制度是指国家权力机关和行政机关制定的各种会计规范性文件的总称，是国务院财政部门根据《会计法》制定的关于会计核算、会计监督、会计机构和会计人员以及会计工作管理的制度，包括规章和规范性文件。会计规章是根据《立法法》规定的程序，由财政部制定，并由部门首长签署命令予以公布的制度办法，如《企业会计准则——基本准则》《会计档案管理办法》《支付结算办法》等。会计规范性文件是指主管全国会计工作的行政部门即国务院财政部门制定并发布的各种核算制度及办法，如《企业会计制度》《会计基础工作规范》《内部会计控制规范》等。

单位会计制度则一般是指各单位根据会计准则、统一会计制度和本单位实际情况自行制定的内部会计核算与管理制度，是会计规范体系在企业特定条件下的具体化和明确化，它同西方会计中的“会计制度”基本同义。

3.4 地方性会计法规

地方性会计法规，是指省、自治区、直辖市人民代表大会及其常委会在会计法律、会计行政法规不相抵触的前提下，制定的仅在本市行政辖区内有法律效力的规范性文件，例如《湖南省会计条例》《厦门市会计从业资格管理实施办法》等。

会计文化中的会计物质文化、会计制度文化、会计精神文化组成了一个共同体，会计物质文化是基础，会计制度文化是中介，会计精神文化是核心。会计文化这三个基础要素相互影响、相互作用，构建了一个多元化、多角度的会计文化体系，为会计组织和谐、健康发展发挥各种功能和作用。

认知4　会计名人

在全球一体化日益加深的当今时代，我国会计已经实现跨越式发展，正在国际舞台上一展风采。而此时，我们不能忘记会计界的拓荒者、播种者，更要为拓荒者们树碑，为播种者们立传。以下简要介绍甄选了部分古今中外会计名人。

4.1 大禹

《史记·夏本纪》记载：“禹会诸侯江南，计功而崩，因葬焉，命曰会稽。会稽者，会计也。”传说4 000多年前，大禹在江南的苗山召开诸侯大会，考核诸侯的功绩，讨论贡赋之事。期间突然离世，就葬在苗山，改名为会稽山。这个大会有可能是中国历史乃至世界历史上的第一次带有会计审计工作性质的大会。

图4.1 大禹

大禹

4.2 管仲

图4.2 管仲

管仲（约公元前723年—公元前645年），姬姓，与周王室同宗，管氏，名夷吾，字仲，后世敬称管子，安徽颍上人。是中国古代著名的经济学家、哲学家、政治家、军事家，春秋时期法家代表人物。被誉为“法家先驱”“圣人之师”“华夏文明的保护者”“华夏第一相”“第一理财家”。

春秋时期，社会动荡，乱象环生。管仲任齐相，辅佐齐桓公，大兴改革，富国强兵，成为春秋时期的首位霸主。九合诸侯，一匡天下，打出“尊王攘夷”的旗帜，以诸侯长的身份，挟天子以伐不敬。管仲注重手工业、商业和农业，开创职业技能教育。按土地分等征税，禁止贵族掠夺私产；创行盐铁专卖政策，政府统一铸造货币，调剂物价。其理财思想内含会计思想，集中体现在其门生收集汇编其思想及言论的典籍——《管子》之中，主要包括对计数的议论（“不知计数不可”）；诚信和职业道德的主张（“信也者，民信之”“德不当其位……治乱之原也”）；“明法审数”的会计管理主张（“明法审数，立常备能，则治”）；“节用”“有度”的成本费用思想（“故取于民有度，用之有止，国虽小必安；取于民无度，用之不止，国虽大必危”）等。管仲为相期间，实施的改革不仅使齐国国强民富，还保护了中原经济和文化的发展，为华夏文明的存续做出了巨大贡献。

4.3 孔子

孔子（公元前551年—公元前479年），子姓，孔氏，名丘，字仲尼，鲁国山东曲阜人。孔子是中国古代伟大的思想家、教育家，是儒家学派创始人。孔子被后世尊称为孔圣人、至圣先师、万世师表。孔子弟子及再传弟子将其思想、言行汇编成儒家经典著作《论语》，成为四书之首。因其巨大的文化影响力，孔子被联合国教科文组织评为“世界十大文化名人”之首。

图4.3 孔子

孔子年轻时担任过当时凌驾于鲁国国君之上的卿大夫季孙氏家管理仓库的小吏，便非常明确地提出“会计当而已矣”，成为中国最早的会计原则。在《孟子·万章下》中对此做了记录：“孔子尝为委吏矣，曰会计当而已矣”，意思是会计就是客观公正地记录事情发生的真实情况的。这是中国古文献中第一次出现“会计”这个专业名词。

4.4 墨子

墨子，名翟，东周春秋末期战国初期宋国人，墨家学派创始人，也是战国时期著名的思想家、教育家、科学家、军事家，是中国历史上唯一一位农民出身的哲学家。《墨子》一书中谈到了许多与军队会计相关的概念、方法、策略、观念、思想，主要表现在书其计数，督以其正；以规度圆，以矩度方；强本节用，开源节流；以人为本，利国利民；百人共财，百工即事五个方面，对春秋战国时期军队会计立账、记账、算账、报账、用账做出了巨大贡献。

图 4.4　墨子

墨子

4.5 杨炎

杨炎（公元727—公元781年），字公南。凤翔府天兴县（今陕西凤翔县）人。唐朝宰相、财政改革家、诗人。提出国家租赋不能变成皇帝私产，建议把大盈内库财赋拨归有关部门管理，维护了国家公赋收支独立的原则；建中元年建议废除租庸调制，创立并推行了两税法，为后代所沿用，是中国封建社会赋役制度的一大改革。

图 4.5　杨炎

杨炎

4.6　程大位

图 4.6　程大位

程大位（1533—1606 年），黄山市屯溪人，著名数学家、发明家、珠算宗师。少年时，读书极为广博，对书法和数学颇感兴趣，一生没有做过官。20 岁起便在长江中、下游一带经商。因商业计算的需要，他随时留心数学，遍访名师，搜集很多数学书籍，刻苦钻研，时有心得。约 40 岁时回家，专心研究，参考各家学说，加上自己的见解，于 60 岁时完成其杰作《直指算法统宗》十七卷。其后六年又对该书删繁就简，写成《算法纂要》四卷，成为后世算家最基本的读本。程大位先生穷毕生精力所著《直指算法统宗》和《算法纂要》，铸就了中国珠算新的里程碑。他的《直指算法统宗》成书并刊印出版于 1592 年 5 月，此书广泛流传 300 多年不衰，并在 1600 年流传到日本，从而开创了日本珠算的先河，日本每年 8 月 8 日均要举行隆重的纪念活动，以纪念程大位先生。明末时期，他的书传至东南亚、欧洲和美洲，为世界珠算发展奠定了基础。

1578 年间程大位发明了世界上第一把卷尺，是他对社会的又一重大贡献 。

4.7 谢霖

图 4.7 谢霖

谢霖（1885—1969 年），江苏武进人，会计教育家、会计实务专家，中国注册会计师制度的缔造者。

1909 年毕业于日本明治大学，获商学士学位。归国后历任大清银行总会计师、中央银行总会计师、“中华民国”广州大元帅府会计长等职，并先后任复旦大学会计系主任、光华大学会计系主任及商学院院长、光华大学成都分校副校长。其学术研究涉及簿记学、银行会计、成本会计、政府会计等多个领域，撰写会计论文 30 余篇，独著或合作撰写教材、专著等 30 余部。作为卓有建树的会计学者和会计实务工作者，他创造了中国会计史上多个第一：第一位注册会计师；第一个会计师事务所——正则会计师事务所的创办者。他创办正则会计补习学校，培养了大批会计人才，首创精神堪称楷模。

4.8 潘序伦

潘序伦（1893—1985 年），江苏宜兴人，会计学家、会计教育家、会计实务专家和会计实业家，被誉为“中国现代会计之父”。

1921 年保送哈佛大学，两年后获企业管理硕士学位，翌年又获哥伦比亚大学商业经济学博士学位。学成归国后致力于西式簿记的引介与推广，以“诚信”立业，创立了会计教育、会计出版、会计实务“三位一体”的立信会计事业模式。他所创办的立信会计专科学校（现上海立信会计学院）、立信会计图书用品社（现立信会计出版社）、立信会计师事务所，迄今已有80多年历史。独立或合作撰写论文90余篇，出版著作30部、译著17部。财政部原副部长王军称他为新式簿记的创始者、会计理论研究的引领者、培育会计人才的播种者、现代会计“产学研”一体化的拓荒者、会计诚信文化的首倡者。

图4.8　潘序伦

潘序伦

4.9　徐永祚

徐永祚（1893—1961年），浙江海宁人。系统中式簿记改良最早的倡导者和实践者。曾任上海《银行周报》编辑、主编，上海市参议会参议员，上海商学院、复旦大学、光华大学教授。他所倡导的中式簿记改良运动，对于现代中国会计发展具有重要意义。

图4.9　徐永祚

4.10 杨汝梅

杨汝梅（1899—1985年），字众先，河北磁县人，会计理论家、会计教育家，无形资产理论研究的开创者，首位列入《世界名人录》的中国会计学家。

图4.10 杨汝梅

1920年毕业于铁路管理学校高等科（北京交通大学前身），翌年赴美国密歇根大学留学，师从著名会计学家佩顿教授，其博士论文《商誉及无形资产》作为无形资产理论研究的开山之作，迄今被奉为经典，蜚声世界。留学归国后，先后在北京交通大学、上海国立暨南大学等高校任职，其间曾任盐务总局稽核、"四联总处"处长。1949年移居中国香港，执教于新亚书院、香港中文大学商学院等学府，任系主任、院长等职。杨汝梅作为中国进入世界会计领域的第一人，其成就达到当时世界先进水平，产生了深远影响。

4.11 顾准

顾准（1915—1974年），上海人，字哲云，中国当代学者、思想家、经济学家、会计学家、历史学家。中国最早提出社会主义市场经济理论的第一人。12岁就到潘序伦先生创办的上海立信会计事务所当练习生。随后通过自学会计学，成为掌握现代会计知识的专业人士。1934年完成第一部会计学著作《银行会计》，为国内第一本银行会计教材。以后，陆续出版的有《初级商业簿记教科书》《簿记初阶》《股份有限公司会计》《中华银

图4.11 顾准

行会计制度》《所得税原理与实务》《中华政府会计制度》等。1949 年任上海市财政局局长兼税务局长、上海市财经委员会副主任和华东军政委员会财政部副部长，为新中国成立后上海的财税工作做出了突出贡献。最早提出并论证了计划体制根本不可能完全消灭商品货币关系和价值规律，并写成《试论社会主义制度下商品生产和价值规律》。在 20 世纪五六十年代屡遭磨难，尽管遭受种种非人的迫害，并承受与亲人分离的痛苦，顾准仍坚持独立思考、坚持理想。1980 年 2 月 9 日，顾准被“恢复名誉，彻底平反”。

4.12　娄尔行

娄尔行（1915—2000 年），浙江绍兴人，会计学家、会计理论家、会计教育家，新会计学科体系的主要创始人。

图 4.12　娄尔行

1937 年从国立上海商学院毕业，赴美国密歇根大学企业管理研究生院深造，获企业管理硕士学位。学成归国后，分别在国立上海商学院、私立光华大学、国立临时大学、上海社会科学院、复旦大学、上海财经大学任教。曾任中国会计学会副会长、中国审计学会副会长、财政部会计准则中方专家咨询组成员。20 世纪 80 年代初，率先组团与美国学者开展中美比较会计研究，其后又与美国学者合作出版《中华人民共和国会计与审计》，该书为第一部系统介绍中国会计和审计历史、现状与制度的英文学术著作。娄尔行长期坚守教学和研究岗位，发表论文 110 余篇，出版专著、教材近 30 部，为推动中国会计理论发展做出了重要贡献。

4.13 杨纪琬

图 4.13 杨纪琬

杨纪琬（1917—1999 年），上海松江人，我国社会主义会计制度的奠基人，著名会计理论家、教育家，注册会计师制度重建和恢复的创始人。1949 年 11 月调入财政部工作，任会计制度司副处长、处长。20 世纪 50 年代初创建并主编新中国第一本会计杂志《新会计》。1979 年，建议恢复注册会计师制度，并筹建中国注册会计师协会，任第一任会长。1980 年，发起成立中国会计学会，任副会长。1980 年起，主持起草新中国第一部《会计法》。曾任中国证监会股票发行审核委员会委员，中国成本研究会副会长，财政部财政科学研究所博士生导师，《会计研究》主编，中国人民大学、上海财经大学、厦门大学、东北财经大学、西南财经大学、江西财经学院、中央财政金融学院、天津财经大学、北京经济学院等十几所高等院校的兼职教授，中国注册会计师协会高级顾问。中国官方发表的《杨纪琬同志生平》中称他为“新中国会计界公认的一代名师”，为中国会计制度和会计准则的建设、会计理论、会计教育和注册会计师事业的发展，贡献毕生精力，做出了巨大而杰出的贡献。

4.14　葛家澍

图 4.14　葛家澍

葛家澍（1921—2013 年），江苏兴化人，经济学家、管理学家、会计学家、会计教育家，“信息系统论”的主倡者，中国现代会计准则体系的重要构建者。1945 年从厦门大学会计学系毕业留校任教，任厦门大学会计学教授、博士生导师，兼任中国会计学会副会长、国务院学位委员会（经济学）学科评议组成员、财政部企业会计准则专家咨询组成员。1978 年发表《必须替借贷记账法恢复名誉》一文，打响了会计界拨乱反正的第一枪。后致力于财务会计概念框架和会计准则研究。迄今为止发表论文 130 余篇，出版著作、教材 20 余部。葛家澍教授在会计理论和财务会计领域的学术成就赢得了广泛赞誉。

4.15　卢卡·帕乔利

图 4.15　卢卡·帕乔利

卢卡·帕乔利（1445—1517 年），意大利数学家，世界近代会计之父。其 1494 年出版的《算术、几何、比与比例概要》集中反映了到 15 世纪末期为止威尼斯的先进簿记方法，被会计学界认为是会计发展史上的一个里程碑，是簿记理论专门而系统研究的历史起点，有力地推动了西式簿记的传播和发展。

4.16 詹姆斯·麦肯锡

詹姆斯·麦肯锡（1889—1937 年），美国管理会计的创始人。1922 年，出版美国第一部系统论述预算控制的著作《预算控制论》，全面介绍预算控制的理论。1924 年，又公开刊印了世界上第一部以“管理会计”命名的著作《管理会计》。

图 4.16　詹姆斯·麦肯锡

4.17 威廉·安德鲁·佩顿

威廉·安德鲁·佩顿（1889—1991 年）是一位杰出的会计学家和会计理论先驱，被誉为美国现代会计理论之父，是被首批列入会计名人堂（The Accounting Hall of Fame）的会计大师之一。佩顿是密歇根（Michigan）大学的终身教授，他具有渊博的学识和一流的理论水平，创办了后来享誉会计学界的《会计评论》（Accounting Review）杂志并亲任第一任主编。他不仅对会计理论的发展做出突出贡献，还通过美国注册会计师协会的研究公告对会计实务产生了深远影响。

图 4.17　威廉·安德鲁·佩顿

第一届“中国会计名人”

2013年1月，为了弘扬会计精神，为了缅怀中国会计先驱，为了感谢中国会计大师们的杰出贡献，根据中国会计博物馆理事会工作安排，中国会计名人评选委员会评选出第一届“中国会计名人”9位入选人。这9位会计名人进驻了中国会计博物馆的名人堂。

图4.18 第一届“中国会计名人”评选结果

根据中国会计博物馆理事会工作安排，中国会计名人评选委员会依照《“中国会计名人”评选委员会章程》和《“中国会计名人”提名及评选办法》评选出第一届“中国会计名人”9位入选人。根据《“中国会计名人”提名及评选办法》现进入为期2个月的公示期，现公示如下：

第一届“中国会计名人”入选人公示名单（9位，以得票数为序）

潘序伦、杨纪琬、娄尔行、葛家澍、杨汝梅、顾准、谢霖、安绍芸、阎达五

“中国会计名人”评选委员会秘书处

2013年1月18日

结语

成为有文化的会计人，应该是每一位会计人自我设定的目标。成为一个有文化的会计人至少应该具备的基本要求包括：诚信自律（会计人）、知书达礼（文化人）、精益求精（技术人）、乐善好施（善良人）。

会计精神文化之诚信自律

会计精神文化之知书达礼

会计精神文化之精益求精

会计精神文化之乐善好施

参考文献

[1] 江志伟. 中国民俗中的算盘文化 [J]. 珠算与珠心算，2008 年 02 期.

[2] 郭代模. 简论财政精神与会计精神 [J]. 财务与会计，2012 年 08 期.

[3] 张云. 中国会计文化研究 [M]. 大连：大连出版社，2009.

[4] 王建忠. 会计发展史 [M]. 大连：东北财经大学出版社，2003.

[5] 郭道杨. 会计史研究（第一卷） [M]. 北京：中国财政经济出版社，2004.

[6] 胡厚宣. 武丁时五种记事刻辞考 [J]. 民国丛书，上海书店，1989.

[7] 赵丽生. 中国会计文化 [M]. 北京：高等教育出版社，2018.